宏观经济变动
与企业技术创新

路媛媛◎著

郑州大学出版社

图书在版编目（CIP）数据

宏观经济变动与企业技术创新／路媛媛著. — 郑州：郑州大学出版社，2023. 7（2024. 6 重印）

ISBN 978-7-5645-9685--9

Ⅰ. ①宏… Ⅱ. ①路… Ⅲ. ①中国经济 - 宏观经济 - 研究②企业创新 - 研究 - 中国 Ⅳ. ①F123.16②F279.23

中国国家版本馆 CIP 数据核字（2023）第 078998 号

宏观经济变动与企业技术创新

HONGGUAN JINGJI BIANDONG YU QIYE JISHU CHUANGXIN

策划编辑	王卫疆　胥丽光	封面设计	王　微
责任编辑	孙　泓	版式设计	苏永生
责任校对	吴　静	责任监制	李瑞卿

出版发行	郑州大学出版社	地　　址	郑州市大学路 40 号（450052）
出版人	孙保营	网　　址	http://www.zzup.cn
经　销	全国新华书店	发行电话	0371-66966070
印　刷	永清县晔盛亚胶印有限公司		
开　本	710 mm×1 010 mm　1 / 16		
印　张	14.25	字　　数	207 千字
版　次	2023 年 7 月第 1 版	印　　次	2024 年 6 月第 2 次印刷

书　号	ISBN 978-7-5645-9685-9	定　　价	56.00 元

本书如有印装质量问题，请与本社联系调换。

前言

改革开放 40 多年来,中国经济长期保持了近 10% 的年平均增长速度,成为世界第二大经济体。但是自 2008 年国际金融危机以来,世界经济发展缓慢且脆弱,尤其是近年来受新冠疫情、地缘政治等因素影响,世界经济不确定性进一步增大。与此同时,新时代我国经济发展的基本特征是由高速增长转向高质量发展,经济体制改革处于"三期叠加"的调整期,构建中国特色社会主义市场经济的各项举措稳步实施。因此,在世界经济形势多变、新冠疫情以及国内经济体制改革等多因素影响下,为了"稳住"经济大盘,推动我国经济高质量发展,我国政府相继提出构建新发展格局,"双碳"目标以及构建全国统一大市场等一系列重大举措,宏观经济面发生了较大变化。

那么,面对外部宏观经济环境的不断变化,企业应通过怎样的内部调整来适应外部环境的变化? 尤其是已习惯于外延式发展模式的中国企业,如何转变发展模式,不仅是经济新常态下企业面临的挑战和难题,也是现代企业管理和财务理论研究的重要内容。而作为提升企业长期竞争力的创新活动,不同于一般投资活动,具有周期长、投资大、结果不确定性高等特征。另外,研究阶段费用化和开发阶段满足条件后资本化的会计处理方式,使其不仅是成本费用的组成部分,更是企业战略发展的体现。故创新活动不仅影响着企业短期收益,也影响着企业的长期发展能力。因此,基于中国当前经济环境和制度背景,剖析企业创新规律、内在机制及其经济后果,对切实提升我国企业创新能力和核心竞争力具有一定的现实价值。

学界对于创新影响因素的研究已取得了丰硕的成果,但是现有研究尚存在些许不足之处,一方面是已有对创新的研究更多集中在微观层面。虽然宏观层面的研究近几年也日益增多,但是大多是针对某一政策或制度环境对创新或研发投入的影响,较少考察宏观经济整体变动对创新的影响。另一方面是已有研究较少将管理层动机纳入宏观经济变动对创新的影响机制中,然而创新更多体现的是管理层的意志,当企业面临的外部宏观经济环境发生变化时,管理层出于何种动机进行创新,不同的创新动机下又会产生怎样的经济后果? 现有文献对此尚缺乏相关研究。因此,本书试图在已有研究的基础上,进一步拓展其研究成果,从宏观经济周期波动和经济政策不确定性两个维度,研究了其对企业创新的影响机制、作用路径及其经济后果,试图揭开宏观经济变动下中国企业创新行为的面纱,以期对规范企业创新行为,提升企业创新能力,提供有益的帮助。

本书的特点主要体现在以下几个方面:

第一,扩展了宏观经济对微观企业行为影响的研究。本书从宏观经济整体变动的两个维度,即可预测性的经济发展形势和不可预测性的经济政策不确定性,考察了其对创新的影响,弥补了既有研究仅从某一特定宏观经济因素(如产业政策、货币政策、税收政策等)研究其对研发投入或创新影响的不足。

第二,深化了宏观经济对微观企业行为影响机制和作用路径的研究。本书从市场机制、管理层动机、政府职能和信息中介等角度着重分析了经济发展形势和经济政策不确定性对创新的影响机制和作用路径,弥补了现有宏观经济因素对企业创新行为影响机制和作用路径分析不够清晰的缺陷,深化了宏观经济对企业创新决策行为影响机制和路径的研究。

第三,分析了经济发展对企业创新的边际效应。为了进一步深入分析不同创新投入和产出的边际效应,本书采用了分位数回归方法,检验了经济发展对创新在特定分位点的边际效应,并得出创新投入和非发明专利的逆周期性随分位点增大而增大,而发明专利则表现为倒"U"形的结论。该方法更加清晰地认识了创新变动的边际效果,弥补了 OLS 回归因剔除异常值而损失掉重要信息,从而可能影响估计结果不足的缺陷。

第四,发挥了一定政策启示作用。本书的研究结论一方面为政府部门在经济发展繁荣期,建立长效创新机制,避免企业短视行为提供了参考依据,同时也启示宏观经济调控部门不仅要看到经济政策在维持经济平稳发展中所发挥的积极作用,还要重视由于频繁颁布或调整经济政策所带来的不确定性而引发的负面影响;另一方面,对投资者而言,面对宏观经济的变动需要客观认识企业创新动机,发挥外部监督作用,切实提升企业创新能力。

本书能够顺利出版,感谢西南财经大学会计学院对此论题的研究给予的指导和支持;感谢西南财经大学会计学院马永强教授、吉利教授、步丹璐教授、金智教授的指点,让本书的研究在理论和实践中更具有了时代意义;感谢所有学术前辈在该研究领域所做的创造性贡献,才能使本书顺利完成;感谢本书撰写期间家人的默默支持和付出,同时也特别感谢郑州大学出版社各位编辑老师的倾力相助。

本书是河南工程学院博士基金项目"经济政策不确定性与研发投入动态调整机制及其经济后果研究"的阶段性研究成果。由于笔者学识水平和理论视野有限,研究还比较浅显,书中难免有疏漏和不妥之处,敬请各位专家、同仁批评指正。

目录

第一章

导　论

第一节　研究背景

2008 年爆发的全球金融危机增大了世界经济前景的不确定性,世界经济发展速度变缓,故金融危机之后,包括中国在内的世界各国都大力推出诸多经济刺激方案,以力图扭转经济下滑的局面。而中国经济在 21 世纪初连续高速增长繁荣的背后,也出现了投资增长过快、信贷投放过多和贸易顺差过大等问题,且已经由短期矛盾演变为中期问题[①]。因此,进入 21 世纪受世界经济长周期和国内经济结构调整的影响,中国经济由高速增长向中低速转变,尤其近年来受新冠疫情、地缘政治等多因素影响,宏观经济不确定性日益增大,这给实体经济发展带来了巨大的冲击和挑战。

面对宏观经济形势的变化,根据凯恩斯宏观经济理论,政府通过运用财政政策和货币政策这两大宏观经济政策进行需求管理。财政政策是指政府运用税收或政府支出来调节总需求;货币政策是指用存款准备金、利率以及公开市场业务进行需求管理,但由于存在流动性陷阱,货币政策效果有限,

---

① 范剑平:《2008 年宏观经济趋势展望》,《中国财政》,2008 年第 2 期,第 65 页。

主要靠财政政策调控需求。所以,自2008金融危机爆发之后,中国政府为了应对经济下滑,先后推出了"四万亿"经济刺激计划、"大众创业、万众创新"、"中国制造2025"、"工业4.0"、"互联网+"以及"去产能、去库存、去杠杆、降成本、补短板"供给侧结构性改革等一系列深化改革的经济政策。理论上来讲,宏观经济政策的变化,会引起宏观经济前景、行业前景预期、外部信息环境的变动,公司的行为也会随之发生改变(Bernanke & Kuttner,2005),并最终影响企业的产出,而企业产出"加总"则构成了经济产出。因此,宏观经济政策是微观企业行为的背景,而微观企业行为是宏观经济政策实现其目标的途径和渠道(姜国华和饶品贵,2011)。在我国全面深化体制改革和加快推进国家治理现代化的背景下,研究宏观经济政策与微观企业行为的互动关系有很强的现实意义。

那么,面对外部宏观经济环境的不断变化,企业将通过怎样的内部调整来应对该变化,已然成为现代企业管理实践和财务理论研究中的重要内容。尤其是作为企业保持长期竞争力的创新行为,不仅具有周期长、风险性高、收益不确定性大和信息不对称性强等特征,同时研究阶段费用化和开发阶段有条件资本化的会计处理方式,使其不仅影响着企业的短期利益,还体现了企业为了提升未来市场占有率和核心竞争力的长期发展战略。因此,面对宏观经济环境的变化,创新行为可能并非像企业其他日常经营活动那样简单、直接,而会在宏观经济环境变动下表现出不同的变化规律和内在机制。

因此,本书试图将宏观经济环境变动与微观企业数据相结合,通过理论分析与实证检验,从宏观经济整体变动的两个维度,即经济周期波动和经济政策不确定性,研究其对企业创新的影响、作用机制及其后果,试图打开宏观经济环境对创新影响机制的"黑箱",对切实履行"创新驱动发展战略",提升企业创新能力提供有益帮助。

第二节　研究意义

本书围绕宏观经济整体变动的两个维度,即经济周期波动和经济政策不确定性,重点考察了其对创新的影响机制和作用路径,并从经济后果进一步分析了其影响机制。具体分解为三部分内容,分别为经济周期波动对创新的影响及其作用机制;经济政策不确定性对创新的影响及其作用机制;经济周期波动、经济政策不确定性对创新影响的经济后果。

一、理论意义

第一,拓展和丰富了宏观经济与微观企业行为交叉学科的研究。宏观经济学和微观财务学作为与社会活动紧密相连的两个学科,虽然两者在研究范式上和研究对象上存在一定差异,但是两者又密不可分,微观企业行为离不开宏观经济环境,宏观经济环境及政策又对企业行为起到引导作用,但是两者长期处于割裂的局面(姜国华和饶品贵,2011),本书立足于微观企业财务理论和方法,充分结合宏观经济学理论与前沿,拓展了宏观经济与微观企业行为交叉学科的研究。

宏观经济与微观企业行为的交叉研究近几年得到越来越多学者的关注,其中,宏观经济领域涉及经济周期、产业政策、财政政策、通货膨胀及经济政策不确定性等方面,而微观企业行为则涉及融资、投资、现金持有等方面。虽然也有文献涉及宏观经济政策对创新的影响,但是较少从经济整体变化的角度对创新投入、产出和可持续进行研究,本书将可预测性的经济增长和不可预测性的经济政策不确定性纳入同一研究框架,丰富了宏、微观领域的研究。

第二,较全面系统地深化了宏观经济政策对微观企业行为传导路径的研究。宏观经济对微观企业行为的研究重点之一是分析其内在机制和传导路径(姜付秀和刘志彪,2015),而既有文献对内在机制和传导路径的分析相对缺乏(姜国华和饶品贵,2011)。本书从外部市场机制、内部资源配置机制较全面地分析了宏观经济变动对创新的影响及作用路径,在已有研究成果的基础上,丰富和深化了宏观经济对微观企业行为内在传导机制的研究。具体来说,本书从外部产品市场和金融市场,内部金融化和规模化等资源配置机制分析了宏观经济变动对创新的影响,并将管理层动机纳入研究框架,弥补了既有文献从单一角度,如金融市场或金融化程度考察其对企业创新的影响。本书结合内外部影响机制,使研究更加全面、完整,有助于打开宏观经济变动对创新影响的内在"黑箱"。

第三,丰富了企业创新宏观层面影响因素和经济后果的研究。既有宏微观领域对创新影响的研究,多是从宏观直接到企业创新,忽略了中间层面政府和管理层的作用,进而使研究不够全面。本书将市场机制、政府职能以及管理层动机相结合,更好地分析了宏观经济变动对创新影响的内在机制,有助于发现在经济新常态下企业创新的真实动机和效果,对规范企业创新行为,提升企业创新积极性具有一定启示作用。

二、现实意义

第一,有助于客观认识宏观经济不确定性对企业创新行为的影响。宏观经济不确定性既可能来自经济的周期性波动,也可能来自宏观经济政策的不确定性(范从来,等,2017)。本书从反映经济周期波动的经济发展和经济政策不确定性两个维度,考察了其对创新的影响,一方面对认识经济不确定下的微观经济后果提供了经验依据。另一方面,对政策制定部门而言,在制定政策时不仅要考虑具体政策的实施效用,还要权衡政策制定或变更的频率引发的不确定性可能给企业带来的影响,因为相对于经济政策,经济政策不确定性对企业创新的影响更大(Bhattacharya et al.,2017)。尤其对于转轨时期的中国而言,在转变经济增长方式,调整产业结构,全面深化经济体制改革和加快推进国家治理现代化等多项举措实施的背景下,研究如何实现创新发展战略的微观企业创新行为具有重要现实意义。

第二,有助于深化认识企业创新行为。创新活动不同于一般性的生产活动,它不仅具有周期长、风险高、投入大等特点(Hirshleifer et al.,2012),还具有较强的外部性和信息不对称性(Bhattacharya & Ritter,1983),可能引发更高的信息风险、资金风险和经济风险(袁东任和汪炜,2015),这些因素会导致管理层更加注重短期利益,进而影响创新。尤其面对外部宏观经济环境的变化,企业是基于短期利益进行的策略性创新,还是基于提升未来竞争力的实质性创新?不同创新动机下会产生何种后果?对这些问题的深入研究,有助于理解企业创新的真实目的,规范企业创新行为,有效激励企业创新,真正提升企业创新力和未来竞争力。

第三节　研究思路与研究方法

一、研究思路

本书遵循"宏观经济变动—外部市场机制 VS 内部资源配置机制—企业创新—经济后果"的研究思路展开相关研究。本书首先对宏观经济(政策)对微观企业行为的已有研究进行梳理和评述,重点探讨在中国,宏观经济变动对企业行为影响的内在机制及经济后果;其次,分析了近十年中国宏观经济形势、经济政策不确定和研发投入现实状况;然后,在文献评述和现实背景分析的基础上,从宏观经济整体变动的两个维度,即可预测性的经济周期波动和不可预测性的经济政策不确定性,分别研究了其对创新的影响和作用机制;并基于这两部分的理论分析逻辑,进一步从经济后果入手,即从政府资源配置角度和外部信息中介角度,论证了经济发展和经济政策不确定性对创新影响的内在机制;最后,对本书进行总结和展望。全书研究思路如图 1-1 所示。

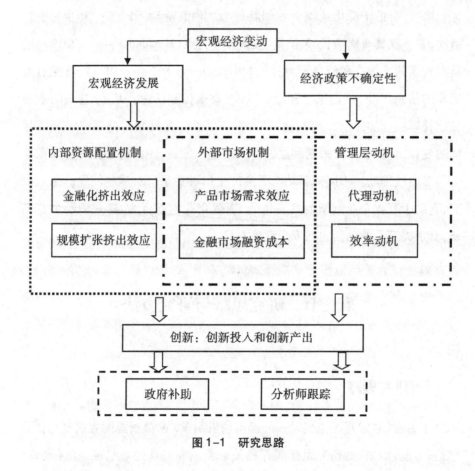

图 1-1　研究思路

二、研究方法

本书主要采用了规范研究和实证研究相结合的方法,对宏观经济变动对创新的影响、作用机制及其经济后果展开了相关研究。具体研究方法和对应的研究内容如下:

一是实证研究与规范研究相结合。本书梳理并充分吸收、运用了宏观经济周期理论、创新理论、公司财务理论等相关研究成果,遵循科学、严谨的理论推演研究范式,分析了宏观经济变动对创新的影响、机制及经济后果等内容,力图从一个综合的视角检验企业创新内在机制。实证研究部分,充分利用描述性统计、相关性分析、多元回归分析、分位数回归分析、Tobit 回归分析、Possion 回归、Chang 模型等方法,对经济增长和经济政策不确定性对创新投入和产出的影响进行了深入、全面的考察和验证。全文数据的处理主要用到了 Stata 16 和 Excel 2010 等专业统计软件。

二是中介效应研究法。中介效应分析主要用于分析变量之间的影响过程和机制,相对于多元回归分析可以得到比较深入的结果。本书采用温忠麟和叶宝娟(2014)中介效应分析方法,在理论分析的基础上,检验了金融化程度和规模扩张等中介效应。

三是归纳总结法。根据本书的研究结果,归纳总结了经济增长和经济政策不确定性对研发投入调整的规律、机制及经济后果,为宏观经济调控部门和监管部门提供政策建议。

第二章

理论基础与文献回顾

第一节 理论基础

本书属于宏观经济与微观企业行为交叉领域的研究,故涉及宏观经济周期理论、创新理论和实物期权理论,下文对上述主要理论逐一进行介绍。

一、经济周期理论

经济周期理论是研究经济运行中经济扩张与紧缩相互更替现象的宏观经济理论,普遍认为经济发展经历繁荣—衰退—萧条—复苏四个阶段。经济周期理论发展至今大概可以划分为古典主义经济周期理论学派、凯恩斯主义经济周期理论学派和新古典主义经济周期理论学派。古典主义经济周期理论是较早以研究经济总量周期性波动的理论,但是该理论缺乏系统严谨的理论基础(李建伟,2015)。凯恩斯主义经济周期理论学派侧重从心理因素角度分析经济的增长与衰退,认为经济增长和衰退并非均衡,经济增长周期具有一定的内生性,经济增长需要政府的干预和刺激。而新古典主义经济周期理论学派则持有相反的观点,认为经济周期仅仅是暂时偏离经济运行的均衡状态,经济增长不需要政府干预。

凯恩斯主义学派出现于1929—1933年美国经济大萧条之后,并对现代经济发展产生了重要影响,该学派以非均衡增长理论为核心研究经济周期的内生性。凯恩斯主义学派又分化为传统凯恩斯理论和新凯恩斯理论。传统凯恩斯理论的代表作是《就业、利息和货币通论》,认为经济波动和危机源于有效性需求不足,而国家干预是解决这一问题的有效手段。由于受当时经济环境的影响,传统凯恩斯理论主要用于应对经济危机,认为可以采取货币扩张等宏观经济调整方式来应对经济危机,如增加财政赤字、降低利率、发行债券等增加资金支出,进而刺激市场需求,同时缓解产能过剩。但传统凯恩斯理论对经济周期理论的诠释缺乏微观基础,在理论上难以同传统的微观经济学保持一致。并且,难以解决实际经济运行中出现的经济增长停滞和通货膨胀并存的经济问题。

新凯恩斯经济周期理论产生于20世纪末期,它完善了传统凯恩斯理论,并在微观基础上提出了诸多宏观经济理论分析框架,如多马模型(Domar Model)、蛛网模型(Cobweb Model)、希克斯动态模型(Hicks Dynamic Model)和混沌理论(Chaos Theory)等研究框架,并将经济周期分为繁荣、衰退、萧条和复苏四个阶段。新凯恩斯理论的核心观点是,经济增长会受到货币变动的影响,有效的货币政策能稳定经济总产出,而最优货币政策是依据通货膨胀程度而确定的货币政策,政府此时应该干预经济的波动,如采用调整利率的方式以应对通货膨胀对经济的影响,而确定最有效的货币政策。新凯恩斯理论的假设是市场存在摩擦、存在信息不对称以及存在交易成本的非完美市场,价格不再是完全刚性,而是存在黏性。因此,新凯恩斯理论认为,反周期政策对于平缓经济周期波动至关重要。

新古典主义学派产生于20世纪60年代后,它在凯恩斯经济周期理论的框架下形成了另一套经济周期理论分析体系,其中以货币主义学派、理性预期学派和实际经济周期学派最为代表。货币主义学派的代表人物有霍特里(Hawtrey)、哈耶克(Hayek)和弗里德曼(M. Friedman),他们均是从货币供给与需求的视角解释了经济波动现象。货币主义学派的核心观点为,在经济周期中,货币供给能够对个人、企业和国家均产生不同的影响。在经济衰退期,通常出现货币流动性紧张的问题,因此,该学派认为应对经济波动的关键在于合理确定货币供给量和供给方式。理性预期学派填补了凯恩斯学派无法解释的滞胀问题,从外生性的角度解决滞胀问题,其核心观点是理性预期是经济周期波动的基础。从信息角度来看,在非完美市场中,外部宏观经济环境会对产品需求产生影响,而生产者对产品市场上产品需求的预期决定了产量不确定性。因此,当价格波动时生产商会混淆一般价格水平的上涨和消费品需求增加,进而预期产品需求增大,并扩大生产。当一般价格水平下降时,厂商会认为是需求减少而缩减生产。因此,理性预期学派认为经济周期波动的根本原因是由于厂商的两种相反的生产投资决策所致。而实际经济周期学派的理论框架建立在市场出清的一般均衡模型之上,该学派认为技术迭代是引发经济周期波动的主要原因。由此可见,新古典学派和新凯恩斯经济周期学派对经济周期波动认识的分歧主要体现在,前者认为经济周期波动虽然无法预期,但其波动趋势仍然是向均衡水平收敛的,而后者更强调短期经济波动的必然性(方福前,2004)。此外,还有学者从动态一般均衡理论的视角解释经济周期性波动,认为厂商预期在经济周期波动中起到了重要的作用,因此经济周期性波动是一种内生的动态现象。表2-1为经济周期理论三个派别的比较。

表2-1 古典主义学派、凯恩斯主义学派和新古典主义学派的比较

比较因素	古典主义	凯恩斯主义		新古典主义
		传统凯恩斯	新凯恩斯	
基本假设	价格长期伸缩性，市场连续出清	价格刚性，市场不出清	价格黏性，市场不出清	价格短期伸缩性和价格预期，市场连续出清
适用情景	长期增长	短期增长	短期和长期	短期和长期
模型特征	总量关系	总量关系	总量关系	从微观经济推导
对经济周期的解释	充分就业	货币因素和实际因素	货币因素和实际因素	实际因素
微观基础	无	无	说明价格黏性的原因	说明价格收缩性的原因
货币的作用	货币长期中性	货币非中性	货币非中性	货币短期中性
政策主张	政府少干预经济	政府干预经济	政府干预经济	政府少干预经济

二、创新理论

(一)熊彼特创新理论

美籍奥地利经济学家熊彼特(Schumpeter)在其《经济发展理论》中首次提出了创新理论。"创新理论"运用生产技术和生产方法变革的思想,解释了资本主义发生、发展和趋于灭亡的过程。熊彼特认为,创新就是生产要素的重新组合,而企业家的职能就是实现创新,引进新组合;经济发展的过程就是整个资本主义社会不断实现这种新组合的过程,或者说是不断创新的结果,其目的是最大限度地获取超额利润。

熊彼特创新理论提出了五种创新模式:产品创新模式、技术创新模式、

市场创新模式、资源配置创新模式和组织创新模式。产品创新模式,就是采用一种新的产品。技术创新模式,就是采用新的生产方法,这种方法可以是尚未通过经验检定,甚至不需要建立在严密的、科学的或者新发现的基础之上,但是可以存在于商业上的一种新的方式。市场创新模式,是开辟一个新的市场,或者以前不曾进入的市场。资源配置创新模式,就是获取原材料或半制成品的新的供应渠道。组织创新模式,是实现从企业到行业,以及产业的任何一种组织的创新。这五种模式通常也被归纳为三类:一类是技术创新模式,包括新产品的开发、旧产品的改造升级、新生产方式的采用、新原材料的应用和推广以及新供给来源的获取。第二类是市场创新模式,包括扩大原有市场份额和开拓新市场。第三类是组织创新模式,包括对原有组织形式的变革和重塑,以及建立新的经营组织模式。

熊彼特创新理论的基本观点包括:①创新是生产过程中内生的。他认为资本和劳动力数量的变化能够导致经济生活的变化,但并不唯一;创新是另一种经济变化,它是从体系内部发生的,不能用从外部的影响来说明。②创新是一种革命性变化。熊彼特强调了创新的突发性和间断性的特点,并主张对经济发展采用"动态"性分析的研究方法。③创新也意味着毁灭。熊彼特认为在竞争性的经济生活中,"新组合"意味着对旧组织通过竞争而加以毁灭,即颠覆式创新。④创新必须能够创造出新的价值。熊彼特认为,先有发明后有创新,发明是新工具或新方法的发现,而创新是对新工具或新方法的应用。⑤创新是经济发展的本质要求。熊彼特认为经济可以划分为"增长"和"发展"两种情况,并认为"经济增长"是由人口和资本的增长所导致的,没有在"质"上产生新的变化;"经济发展"是在流转渠道中自发和间断的变化,在不断改变和代替以前存在的均衡状态,是对均衡状态的干扰。发展是经济循环流转过程的中断,该过程实现了创新,因此,创新是发展的本质规定。⑥创新的主体是企业家。熊彼特认为企业家的核心职能是看其是否具有创新能力,而不是局限在对企业的经营或管理。熊彼特对企业家的界定,突出了管理者在创新中的决定作用。

1942年熊彼特在《资本主义、社会主义与民主》提出了著名的"熊彼特假说"(Schumpeter's Hypotheses),即企业规模越大,技术创新越有效率;市场越集中,技术创新越有效。这种观点意味着企业规模和市场集中对企业创新有着积极的影响。熊彼特认为在完全竞争市场上,破坏型创新和创新竞争将会取代完全竞争市场上的价格竞争。

(二)创新发展模式

自熊彼特开创了创新理论之后,20世纪50年代后,出现了大量用来解释企业创新过程的模型。罗斯韦尔(Rothwell,1991)基于工业先进国家的发展模式,将其归纳为五代创新,如表2-2所示。

表2-2　创新发展模式

时间	创新模式	特征
第一代(20世纪50年代到60年代中期)	技术推动的创新模式	认为科学发现通过基础研究、工程设计、制造和市场销售来推动技术创新;在政策方面主要强调技术供应方的创新支持(如研发补贴和贷款)
第二代(20世纪60年代中期到70年代)	需求拉动的创新模式	强调从市场的方向了解客户需求,以及从这些需求方向进行研发投资
第三代(20世纪70年代中期到80年代)	科学技术和市场相互作用的创新模式	科学技术和市场的交互过程并是存在交互和独立阶段,包括更复杂的交流路径、组织内和组织间的联系。该交互模型将企业的决策制定、技术和市场有效联系起来
第四代(20世纪80年代到90年代)	功能重叠式的创新模式	该模式尝试将企业内部资源进行交叉整合,以及与外部活动的整合(包括供应商、客户、大学以及政府机构)

续表2-2

时间	创新模式	特征
第五代(20世纪90年代后期)	网络整合的创新模式	强调企业内和企业间的相互学习,并采用多样化的合作形式(如研发合作等),利用电子工具加速企业内部创新,实现过程的自动化

由此可见,技术创新随着时代的变化表现出特有的特征,如投资的专一性、结果的不确定性和回报的不可预期性,技术创新的作用也越来越重要,也受到了诸多学者们的关注。

三、实物期权理论

公司金融传统的投资是基于确定条件下的投资决策,如净现值法(NPV),是针对确定性决策行为做出预先承诺,即企业的投资决策不能延迟,并且只能选择投资或者不投资,项目投资活动在未来经营期内不做任何调整。因此,传统投资在不确定性情况下的跨期决策过程中是无效的,而实物期权理论(Real Option Theory),可以准确处理在不确定性情况下未来决策的变化。

实物期权理论是公司财务重要决策理论之一。它反映了公司管理者在未来某一时刻依据新信息进行灵活决策的理论。相对于传统投资理论中隐含的预先决定的假设而言,实物期权理论的运用更加符合实际。实物期权理论缘起于布莱克和斯科尔斯(Black & Scholes,1973)及考克斯等(Cox et al.,1979)提出的连续时间期权定价理论和间断时间期权定价理论。当期权理论应用在实物资产上时,即形成了实物期权理论。哈佛商学院的默顿(Robert Merton)奠定了从金融期权向实物期权转化的基石,麻省理工学院的迈尔斯(Stewart Myers)第一次提出了"实物期权"这个术语,并指出实物期权理论是金融期权理论在实物(非金融)资产上的扩展。从金融期权向实物期权转化就是要把金融市场的规则引入企业内部战略投资决策中来,也就是说,用期权的观念和方法应用在实物资产上,包括企业的资本预算评估、融资、投资等决策上。虽然实物期权来源于金融期权,但是经过理论拓展,实物期权具有不同于金融期权的特点:①非交易性。实物期权的标的物一般不存在交易市场,而且实物期权本身也不大可能进行市场交易,这是与金融期权的一个本质性区别。②非独占性。许多实物期权一般不单独被某个个体独占,而是被多个竞争者共同拥有,因此,其价值不仅取决于影响期权价值的一般参数,而且还与竞争者可能的策略选择有关系。③先占性。实物期权具有战略先占优势,也就是说抢先执行实物期权可获得先发制人的优势效应,表现为取得战略主动权和实现实物期权的最大价值;④复合性。各种实物期权之间存在着一定的相关性,构成一个有机整体,这种相关性可能存在于同一项目内部各子项目之间,也可能存在于多个投资项目之间。

实物期权的标的风险资产是一项物质资产,其价值直接受到经营决策的影响。

扩张期权(expansion options)是对标的资产的美式看涨期权,它假定投资需求随时间推移而增加,也称为增长期权,它的执行价格为投资扩张的成本,价值为标的风险资产价值的倍数。也就是说,如果在企业投资之后,市场运行状况较好,消费者需求不断增大,那么管理者就能够通过扩大投资规模的公司行为去适应市场变化,即为扩张期权。

收缩期权(contraction options)是一种美式看跌期权,它使期权持有者在放弃对部分资产的使用权时能得到现金。也就是说,一旦投资开始之后,如果管理者发现市场运行较差,投资方案的实施达不到企业预期的效果,那么管理者就会采取缩减生产规模或者停止该投资的管理策略,即收缩期权。

延迟期权(extension options)是一种欧式看涨期权,它允许管理者付出一定的成本而获得延长项目期限的权利。也就是说,在市场预期较难估计的情况下,管理者会推迟当前投资项目,并等待市场信息较稳定后再进行投资,即延迟期权。

提前终止期权(abandonment options)是一种美式期权,即资产所有者有权按照既定价格卖出其资产而不是一直持有。也就是说,如果市场经营环境恶化,强行实施项目投资将给企业带来巨大损失,这时管理层具有放弃项目投资的权利,即放弃期权。由此可见,依据实物期权理论,在投资方案实施的某个时点上,随着信息的不断更新和不确定性状况的改变,管理者有权利来改变当初既定的投资方案。

第二节　文献回顾与评述

长期以来宏观经济政策与微观企业行为的研究存在相互割裂的局面,然而剖析宏观经济政策对企业行为的微观传导机制,不仅有助于预测企业行为和产出,也有助于对宏观经济政策的研究(姜国华和饶品贵,2011)。因此,在陈冬华、姜国华等一批学者的推动下,宏观经济政策与微观企业行为的交叉研究成为近几年学术界的研究热点,并取得了丰硕的成果。本章将从经济周期、货币政策、产业政策、财政政策及经济政策不确定性等方面对既有相关文献做出梳理与评价。

一、经济周期与企业行为

外部宏观经济形势作为系统性因素对企业行为产生着重要的影响,而作为微观经济主体的企业,面对宏观经济形势的变化,如何调整自身行为以适应外部经济形势的变化,这对于理解经济发展对企业行为的传导渠道和机制具有十分重要的现实和理论意义(侯青川,等,2015)。接下来本小节将从公司融资行为、资本结构、投资行为、企业业绩、盈余管理、现金持有等方面的相关研究进行梳理,值得一提的是,该类的研究多集中在早期文献中,近年来有关经济周期与企业行为的研究进入了停滞期。

在经济周期对企业融资和资本结构影响方面,大部分研究结论认为债务融资和股权融资表现为顺周期性,资本结构表现具有一定的异质性。因为经济繁荣时期企业具有较低的逆向选择成本,故股权融资表现为顺周期性(Choe et al.,1993),在考虑了融资约束的因素后,无融资约束企业的资产负债率呈逆周期性,而有融资约束企业的资产负债率则呈顺周期变化(于蔚,等,2012;江龙,等,2013;Korajczyk & Levy,2003)。同时,在高管薪酬契约的作用下,当经济周期处于萧条期时,薪酬相对较低的高管更倾向进行债务融资,故企业资本结构呈现出逆周期性(苏冬蔚和曾海舰,2011;Levy & Hennessy,2007)。在此基础上,又进一步扩展到对资本结构调整速度的研究,潜力和胡援成(2015)认为经济周期波动改变了公司的外部融资环境,且融资约束又进一步制约了公司的融资选择,故公司资本结构呈现顺周期调整的特征。经济发展环境对融资渠道选择也存在一定影响,例如在金融危机下,中国民营企业会通过外部融资代替常态环境下企业集团内部资本市场的融资(马永强和陈欢,2013)。另外,由于金融摩擦的存在,债务融资和股权融资决策随经济周期不同而改变,表现为债务融资量和股权融资量呈现顺周期性,但是大规模企业的债务融资顺周期性较强,小规模企业的债务融资的周期性不明显,而规模对股权融资的周期性无显著的影响(罗时空和龚六堂,2014)。随着行为经济学的发展,一些学者开始研究企业资本结构的同群效应,并发现资本结构同群效应呈现顺经济周期变化,即经济上行时企业资本结构同群效应更显著(连玉君,等,2020)。由此可见,越来越多的学者关注到宏观经济条件是分析企业融资选择的重要因素,对融资方式、融资渠道顺序等做了充分的研究,并结合企业融资约束程度、企业规模等异质性进一步分析,但是对内在传导机制的分析有待进一步深化。

在经济周期对盈余管理影响的研究中,学者们普遍认为经济周期的阶段不同,企业盈余管理的程度亦存在差异。当经济发展处于下行期时,企业盈利能力受到影响,故企业为了达到监管机构或银行规定的阈值而做高利润,或者主要是为经济周期的复苏阶段储备利润而做低利润的动机,故盈余管理程度在经济收缩期大于扩张期,周期性行业公司盈余管理程度总体上大于非周期性行业,而周期性行业公司的盈余管理程度在经济收缩期显著大于经济扩张期(陈武朝,2013),两者呈现出"U"形关系,且盈余管理程度在扩张期比衰退期小(Jin,2005)。当考虑到行业盈利能力时,王红建等(2015)证实了预期公司盈利与行业盈利差异及产品市场竞争压力是公司在经济繁荣阶段向上操纵利润的关键机制,并发现当管理层预期公司盈利小于行业盈利,正向盈余管理与宏观经济增长率显著正相关表现为顺周期特征;当企业面临产品市场竞争压力越大,其正向盈余管理的顺周期性特征更显著。

在经济周期对资本配置影响的研究方面,则主要集中在现金持有水平、金融化程度、资本运营效率等方面。企业的现金流情况会受到经济扩张或收缩的影响(Hackbarth et al.,2006)。相对于经济繁荣时期,经济萧条时经济增速下降,导致投资实体经济的回报率远远低于投资在金融渠道的回报率,资金纷纷脱离实体经济而投入金融市场,故实体企业金融化行为具有显著的逆周期效应(彭佳颖和郑玉航,2021),并且该现象在民营企业中更加显著(江龙和刘笑松,2011)。在此基础上,吴娜(2013)研究了经济周期、融资约束与营运资本三者的关系,发现经济周期与企业营运资本需求的调整速度负相关,融资约束会促使企业在经济周期下行期更加积极地进行营运资本管理。另外,由于调整成本的存在,经济周期波动对行业内的资源配置效率存在现实影响(杨光,等,2015;杜群阳,等,2022)。

在经济周期对企业业绩影响研究方面,大多学者认为企业业绩表现为顺周期性(诸波和姚宇淇,2021;Klein & Marquardt,2006)。对于机制研究,国内学者靳庆鲁等(2008)通过构筑 IS-LM 模型,认为经济增长通过投资、消费和净出口渠道影响了企业业绩;而扩张性经济政策(扩张性财政政策与扩张性货币政策)通过改善经济环境和投资环境,增加了公司利润,提高了公司效率。在此基础上,侯青川等(2015)基于代理理论,从政府代理问题与公司代理角度解释了经济发展对企业发展的影响,发现因为政府代理问题的存在,使得国有企业在经济发展过程中以外延型增长为主,即表现为国有企业规模上的扩张,但随着市场化程度的提高和完善的公司治理机制,企业不断从外延型增长向内涵型增长转变。该文很好地诠释了宏观环境如何通过政府代理行为直接影响企业的经济环境、投资环境对企业行为影响的路径。余浪等(2022)从管理层能力角度拓展了该领域的研究,发现在宏观经济周期下行时,管理者能力能够有效缓解企业财务危机。

综上所述,经济周期对企业行为的影响主要是通过直接影响企业经营风险、融资环境和管理层预期,进而影响到融资选择、资本结构、盈余管理、现金持有等行为,但是对企业内部成本调整的研究相对较少,即面对外部经济周期的变化,企业如何调整其内部成本以应对外部风险,以及内部不同成本类别之间调整的差异性都是值得进一步研究的领域。

二、经济政策不确定性与企业行为

自2008年金融危机之后,各国政府出台了多项经济政策以应对宏观经济的波动,致使各国经济政策不确定性增大,故经济政策的不确定性被认为是阻碍世界主要经济体复苏的主要原因之一(饶品贵,等,2017),至此经济政策不确定性引起了广大学者的关注。

经济政策不确定性对企业融资、投资决策和股票市场表现都存在负面影响。在投资方面,Alesina & Perotti(1996)利用1960—1985年间70个国家的数据,发现收入不平等增加了政治不稳定,而政治不稳定反过来又减少了投资。Bloom et al. (2007)使用模拟数据表明,当不确定性较高时,企业对刺激的投资反应较弱。Julio & Yook(2012)发现与非选举年相比,选举年企业减少了资本支出,减少了外国子公司的FDI流入。Liu & Chen Xiao(2022)从投资结构视角,研究发现面对较高的 EPU,企业更倾向于创新投资,而不是维护投资,EPU 通过超额收益、资产不可逆性和外部市场需求来影响企业的投资决策。Montes et al.(2022)检验发现,企业信心具有传导机制,即不确定性通过企业信心影响投资。

经济政策不确定性对资本市场也产生一定的影响。Boutchkova et al.(2012)研究表明,国家和全球政治的不确定性(如国家选举)都会导致更高的股票回报波动性。Brogaard & Detzel(2012)发现经济政策的不确定性与同期(未来)股票收益呈负(正)相关。Tang & Wan(2022)进一步将经济政策不确定性区分为预期的经济政策不确定性和意外的经济政策不确定性,考察了不同政策不确定性对公司股价信息性的影响。研究发现,对于预期的经济政策不确定性影响微弱且不显著;而意外的经济政策不确定性主要影响股价的信息量,证实了政策不确定性增加了股价的信息量。Hen & Liu(2021)则以中国上市公司为样本,发现经济政策不确定性对股价同步性具有显著的负向影响。并且,管理层持股、股市下跌和金融危机会减弱 EPU 对 SPS 的负面影响。国内学者,罗党论等(2016)利用官员变更导致的政策不确定性考察了其对当地企业面临的市场风险的影响,研究发现该种政策不确定性将显著加剧当地企业面临的市场风险。陈德球等学者利用地级城市市委书记变更的数据,分别考察了由城市市委书记变更引起的经济政策不确定性对企业税收规避行为、资本配置效率及盈余管理程度的影响。总体发现,由地区核心官员变更导致的政策不确定性会增加企业的税收规避行为,降低企业的资本配置效率,提高盈余管理程度。才国伟等(2018)也采用地方官员变动作为政策不确定性的代理变量,研究了政策不确定性对企业投融资的影响。研究发现,政策不确定性显著降低企业的债权融资,但是对股权融资影响不显著。

除了采用政府换届表征经济政策不确定外,Baker(2016)根据各国报纸的报道频率构造的经济政策不确定性指数也成为学者们近几年研究的对象。Baker et al. (2016)利用该指数衡量了美国和其他11个主要经济体(印度、加拿大、韩国、法国、德国、意大利、日本、西班牙、澳大利亚、中国和俄罗斯)的经济政策不确定性,发现政策不确定性导致了更大的股票价格波动,以及政策敏感部门(国防、医疗保健、金融和基础设施建设)投资和就业的减少,证实了经济政策不确定性的负面影响。Zhang et al. (2015)以2003—2013年中国上市公司为样本,研究发现经济政策不确定性增加,导致外部融资环境的恶化,致使公司更低的杠杆率。国内学者也利用该指数展开了大量研究,如顾研和周强龙(2018)、王朝阳等(2018)均考察了经济政策不确定性对企业资本结构调整的影响,但前者考察了财务柔性价值的作用,而后者从不确定性规避渠道进行了诠释,不过研究结论均一致认为经济政策阻碍了资本结构的动态调整。李凤羽和杨墨竹(2015)基于实物期权理论,认为理性的企业决策者在制定投资决策时会考虑投资机会成本,进而研究发现经济政策不确定性的上升会对企业投资产生抑制作用。饶品贵等(2017)研究发现经济政策不确定性虽然抑制了企业投资,但投资效率得到了提高,这是因为政策不确定性增大时,企业会更多地考虑经济因素,即表现为投资效率的提高。谭小芬和张文婧(2017)认为经济政策不确定性通过实物期权和金融摩擦两种渠道抑制了企业投资,将政策不确定性的传导作用归结为其对资本流动性价值的冲击。张成思和刘贯春(2018)将经济政策不确定性引入三期动态投融资模型,研究了经济政策不确定性对投融资决策的差异化影响,研究发现无论企业的融资约束程度,经济政策不确定性升高均会导致固定资产投资下降,但融资决策的调整依赖于所面临的融资约束程度,经济政策不确定性通过未来现金流预期、固定资产收益率和现金流不确定性影响企业投融资决策,但不显著影响债务融资成本。冯明(2022)进一步从理论分析和经验证据,证实经济政策不确定性会通过影响企业投融资决策等微观行为,进而影响公司价值。

在经济政策不确定性对资本配置影响研究方面,Bloom et al. (2007)研究发现政策不确定性促使企业提高了现金等流动性较强资产的配置水平。Pastor & Veronesi(2012)建立了一个一般均衡模型,表明虽然政策的改变可能会增加潜在的现金流,但也会增加贴现率,因为新政策对盈利能力的影响更加不确定。结合这两种效应,新政策的出台可能会压低股票回报率。国内学者王红建等(2014)也得到了相同的结论,并进一步考虑了代理因素,发现代理问题增进了两者关系的敏感性,并证实了经济政策不确定性较低时,现金持有表现为"权衡观",当经济政策不确定性较高时则为"代理观"。郑立东等(2014)探讨了经济政策不确定性、行业周期性对企业现金持有动态调整的影响机制,研究发现经济政策不确定性越大,企业现金调整速度越快,且这种效应在民营企业、高投资水平、低经营现金流以及高偿债水平的企业中表现更为显著。李凤羽和史永东(2016)发现企业在经济政策不确定性上升时会增持现金,且在融资约束较为严重、股权集中度较低以及学习能力较差的企业中更加明显。吴永钢等(2022)实证考察了地缘风险和经济政策不确定性对企业金融化程度的影响,并发现随着地缘风险和经济政策不确定性上升,企业金融化程度也在逐步提高,且在地缘风险的调节下,经济政策不确定性对金融资产配置占比的促进作用进一步加强。

李浩举等(2016)基于经济政策不确定性,分析了营运资本管理对企业价值的影响,发现营运资本管理通过释放流动性保证资本投资提高了公司价值,且在经济政策不确定性高时营运资本管理的价值效应和对资本投资的保障作用更显著。彭俞超等(2018)发现经济政策不确定性上升显著抑制了企业金融化趋势,并证实了中国企业金融化的主要动机是利润追逐,而非预防性储蓄。陈胜蓝和刘晓玲(2018)则考察了中国经济政策不确定性对公司商业信用供给决策的影响,研究发现经济政策不确定性通过外部融资环境和内部经营不确定性两个渠道减少了公司提供的商业信用。于文超等(2022)利用世界银行提供的中国企业调查数据,考察经济政策不确定性对企业非生产性支出的影响及其机制,研究发现高的经济政策不确定性会强化企业构建政府关系网络的动机,进而对企业非生产性支出产生了显著正向影响。刘贯春和叶永卫(2022)则研究了企业的"短贷长投"行为,发现经济政策不确定性显著提升了短期负债对固定资产投资的正向作用,且该效应在信息不对称严重、风险偏好程度高及实体投资需求大的企业更为凸显。

此外,经济政策不确定性的研究还涉及其他方面。Jain et al. (2021)研究了不确定性对实际盈余管理之间的关系,研究发现经济和金融不确定性通过削减广告、研发、销售、一般和管理费用等可自由支配费用来刺激企业使用 REM。陈胜蓝和李占婷(2017)分析了经济政策不确定性对分析师盈余预测修正的影响,研究结果表明经济政策不确定性越大,分析师越倾向负向修正盈余预测,进而证实了分析师"保守主义"假说。饶品贵和徐子慧(2017)研究了经济政策不确定性对高管变更的影响,研究发现在外部不确定性越高,企业内部会采取风险对冲的策略,从而降低高管变更的概率。王永海和郝晓敏(2022)探讨了经济政策不确定性对企业社会责任的影响,发现经济政策不确定性越高,企业履行社会责任的程度越高,且证实经济政策不确定性通过影响企业面临的系统性风险进而影响企业社会责任的履行程度。

总体来看,关于宏观经济政策对微观企业行为的研究取得了丰硕的成果,学者们均试图打通宏、微观之间的内在通道,且基本上遵循了通过影响企业对经济前景、行业前景的预期,改变企业的资本成本和企业的信息环境的内在分析机制(姜国华和饶品贵,2011)。但是对于企业创新活动而言,因为其不同于一般投资活动,具有周期长、风险大、收益不确定性等特征,且我国会计制度要求的有条件的资本化会计处理方式,对创新活动的研究提供了更为复杂的研究环境,而目前有关宏观经济变动对创新影响的研究尚不多见,这为本书提供了广阔的研究空间。

三、其他宏观政策与企业行为

（一）货币政策

货币政策是政府为实现其特定的经济目标，而采用的各种控制和调节货币供应量和信用量的方针、政策和措施的总称，是国家干预和调节宏观经济的重要政策手段之一。因此，研究货币政策对微观企业行为的影响具有重要的学术价值和现实意义。近年来，有关货币政策对企业行为的研究，主要集中在货币政策对企业投融资、资源配置、会计行为等方面，且主要通过货币渠道（Hicks，1937）和信贷渠道（Bernanke & Blinder，1992；Bernanke & Gertler，1995）影响企业融资环境，进而影响企业的相关行为。

在货币政策对融资影响研究方面，Kashyap et al.（1993）通过考察美联储货币政策与美国银行信贷、短期融资券市场之间的关系，发现紧缩的货币政策会减少商业银行贷款供给，进而影响企业投资。Gaiotti & Generale（2002）发现货币政策会通过影响融资成本而影响投资。靳庆鲁等（2012）以中国民营企业为样本，研究发现宽松的货币政策减少了民营企业的融资约束，但对投资效率的影响则呈现非线性关系。郑军等（2013）发现在货币政策紧缩时期，企业债务融资成本显著上升，且非国有企业的债务融资成本更高；在金融发展相对发达的地区，高质量内部控制在货币政策紧缩时通过提升企业公司治理水平，进而获取了更低的债务融资成本，但这效应仅对非国有企业显著。黄志忠和谢军（2013）认为宏观货币政策对企业融资约束具有缓解效应，并发现宽松的货币政策通过降低企业投资内部现金流敏感性，缓解了企业融资约束，进而促进了企业扩张性投资。邓路等（2016）发现在货币政策紧缩期和金融危机期间，国有上市公司和非国有上市公司之间超额银行借款的差异增大。周针竹等（2022）研究了货币政策通过融资方式对公司投资效率的影响，发现货币政策与投资之间并非为简单线性关系，具体表现为数量型货币政策与过度投资、投资不足分别呈"U"形、"倒U"形关系，而价格型货币政策与过度投资和投资不足分别呈"倒 U"形、"U"形关系。

在货币政策对企业资源配置决策影响方面,我国学者祝继高和陆正飞(2009)基于现金持有的预防性动机,研究发现当货币政策紧缩时,因为外部融资约束增强导致企业更高的现金持有水平;当货币政策宽松时外部融资约束降低,企业降低现金持有水平。蔡卫星等(2015)从企业集团的视角考察了企业集团、货币政策与现金持有之间的关系,研究发现企业集团削弱了紧缩性货币政策对现金持有水平的影响,在货币政策紧缩时期集团控制的上市公司的现金持有水平增加更少。饶品贵和姜国华(2013a)研究了货币政策、银行信贷与商业信用三种之间的互动关系,发现在货币政策紧缩期,相对于国有企业,非国有企业在银行信贷方面受到的冲击更大,但企业以商业信用作为替代银行信贷的融资方式以弥补资金供给缺口。饶品贵和姜国华(2013b)进一步研究发现,货币政策紧缩期信贷资金的边际增加将导致非国有企业业绩在次度有更好的表现和更高的增长,但是非国有企业却没有获得足够的信贷资金,证实了我国银行体系的信贷资金配置并非最优。卢锐和陈胜蓝(2015)基于管理层预期分析了货币政策对劳动力成本黏性的影响路径,认为紧缩的货币政策加剧了公司的悲观预期,使得公司削减资源的调整成本降低和持有资源的保留成本增加,从而促使公司在业绩下降时及时削减超额资源和劳动力配置,进而降低了公司成本黏性。刘飞等(2022)基于金融化视角,研究了货币政策不确定性对非金融上市公司金融化行为的影响,发现货币政策不确定性的上升将促进企业的金融化行为,且是通过降低高管风险承担水平与加剧企业的融资约束等作用渠道促进了实体企业的金融化,该书的研究为货币政策调控方式与调控时机提供了一定启示作用。

在货币政策对会计行为影响研究方面,饶品贵和姜国华(2011)将会计稳健性纳入研究框架,发现当货币政策进入紧缩期时,企业会计政策变得更加稳健,以便取得更多的银行贷款。李志军和王善平(2011)结合企业会计信息质量研究发现,信息披露质量较好的公司在货币政策趋紧时获得了更多的银行借款,且融资需求越大获得的银行借款越多,银行借款的利率也更低。

综上所述,国外有关货币政策对企业行为的研究,多是基于货币传导机制和信贷传导机制来分析的,因为我国对利率管制,因此我国学者多基于信贷机制进行分析。不同微观主体面对货币政策的变化会采取不同的对冲措施,以应对降低其面临的风险,并获取最大的信贷资源。但是,既有研究较少关注管理层动机,不同管理层动机下应对货币政策变动的企业行为会存在差异,以及货币政策变动对融资约束的影响,是否进一步影响企业创新投入和产出,现有文献都较少涉及。

(二)产业政策与企业行为

产业政策作为政府干预实体经济的一种重要方式,对引导控制产业投资方向,调整经济结构,促进产业升级,实现政府经济计划目标起着重要作用(陈冬华,等,2010)。

在理论研究上对产业政策的作用一直都存在两种不同的观点,一种是"激励效应",另一种是"挤出效应"。持有前者观点的学者,如我国学者陈冬华等(2010)较早关注了产业政策对企业行为的影响,他们从行政管制的角度,分析了产业政策对上市公司股权融资(IPO)、股权再融资(SEO)和银行贷款的影响,研究发现受到产业政策支持的行业,其IPO融资额和企业数增长率显著超过未受支持的行业。Aghion et al. (2015)通过构建一个两期两产品模型,并采用中国工业企业数据库1998—2007年的企业层面数据考察了政府补贴和税收优惠等产业政策手段对企业TFP的影响,证实了产业政策能够增进企业间竞争,促进企业增长。何熙琼等(2016)也证实了产业政策通过银行信贷这一中介变量影响企业投资效率,发现受产业政策支持的企业因为更容易获得银行贷款,进而提高企业投资效率;同时,外部市场竞争起到了调节作用,当市场竞争程度越高时,产业政策提高企业投资效率的作用越大。邵宇佳等(2023)基于"十二五""十三五"规划的产业政策信息,研究了 A 股、H 股上市公司的对外投资情况,研究表明当前中国实施的产业政策会显著促进企业扩大对外投资,且当前产业政策更多地促进了民营企业对外投资和对高收入国家的投资。

而研究结论支持后者的有,如黎文靖和李耀淘(2014)认为产业政策主要通过行政管制机制影响企业在特定行业的进入机会或扩张机会,研究发现总体上产业政策并没有显著提升企业投资,以产权性质分组检验,发现产业政策虽然能够增加民营企业的投资,但是投资效率下降。进一步对受到产业政策激励的公司样本进行分析,发现民营企业比国有企业获得更多银行贷款的支持,该研究结果说明民营企业受到产业政策激励时,有助于其突破行业壁垒和获得更多银行融资支持从而增加投资,但以行政手段进行的产业政策调控会降低其投资效率。祝继高等(2015)从产业政策的视角研究了企业聘请具有商业银行背景的人士担任公司董事(银行关联)的动机及其对债务融资的影响,并认为产业政策的目标主要依靠货币政策和财政政策工具来实现,而产业政策加剧了不属于产业政策支持行业企业的融资约束,而银行关联的资源效应和信息效应能够帮助企业获得债务融资,管理效应能够帮助企业优化债务融资管理,从而缓解企业的融资约束。王克敏等(2017)研究了产业政策、政府支持与公司投资效率三者之间的关系,发现相对未受产业政策鼓励或未受产业政策重点支持的公司,受产业政策鼓励或重点支持公司的政府补助、长期负债较多,且其投资水平越高,投资效率越低,过度投资程度越高。李率锋和马惠娴(2023)考察产业政策对企业杠杆风险的影响,研究表明,产业政策导致企业过度负债进而引致过度投资,加剧了企业杠杆风险,因此,相对于未受产业政策支持行业的企业,受产业政策支持行业企业债务负担更重,经营效率更低,从而杠杆风险也相对更高。熊勇清和秦书锋(2023)聚焦新能源汽车产业政策,并将其区分为"补贴型"与"非补贴型"政策两类,分析了两类产业政策对于新能源车企创新偏好的影响,研究结果发现,"补贴型"政策对于新能源车企创新偏好的促进作用呈现出先增后降的趋势,并且更容易引发企业的"策略性"创新偏好;"非补贴型"政策对于新能源车企创新偏好的促进作用呈现逐步增强趋势,并且对于"实质性"创新偏好的影响更大。吴世农等(2023)也支持产业政策的消极作用,发现受惠于产业政策中的财政补贴、信贷支持以及税收优惠的企业,其投资效率显著下降,且企业投资效率的下降显著地增大其股价崩盘风险。

其他有关产业政策对企业行为的研究还涉及资金配置。如陆正飞和韩非池(2013)研究发现,受到产业政策鼓励发展的企业,其现金持有水平与企业在产品市场上的成长显著正相关,且宏观经济政策主要是通过投资机会路径影响企业现金持有效应(市场竞争效应和价值效应)。金宇超等(2018)考察了市场力量与政府扶持两种机制引导下产业政策对资金配置的影响,研究表明产业政策支持的企业获得了更多的债务融资和政府补助。其中,债务融资更多地支持了成长行业中规模较大的企业,政府补助更多支持了成长行业中的小规模企业和成熟行业中的大规模企业,证实了市场更看中企业的增长机会,政府补助则会照顾成长性较弱且相对不受市场青睐的企业。

综上所述,已有文献均认为产业政策有助于缓解企业融投资约束程度,但是对微观企业投资效率的研究结论并不一致,可能是产业政策引导的具体手段方式不同,对企业投资的影响会存在差异。

(三)政府补助与企业行为

政府补助是政府财政支出的重要组成部分,其目的通过财富的再分配来促进社会公平。步丹璐和王晓艳(2014)以政府补助为切入点,考察了约束性不同的政府补助对薪酬差距及其激励效应的影响,研究发现,高管权力的存在使政府补助成为其"伪装"业绩的指标,从而增加高管薪酬,进而加大公司内部的薪酬差距。张洪辉(2015)研究了上市公司获得财政补贴和公司盈利能力之间的相互关系,发现国企的盈利能力和财政补贴金额是负相关的关系,政府补贴发挥了实现利润"反转"的作用。但在民营企业中,补贴金额与盈利能力是正相关的。钱爱民等(2015)、黄海杰等(2016)分别以"四万亿"刺激计划为背景,研究了经济刺激计划对政府补助资源分配行为和企业投资效率的影响,但是研究结论并不一致,前者发现经济刺激计划对政府补助资源的分配具有显著的影响,且政府补助促进了微观企业投资和宏观经济增长,但是后者研究发现四万亿投资政策导致企业投资效率下降,并且这种下降效应在刺激政策实施期间政府补贴增加的企业和银行贷款增加的企业中都更为明显。

随着数字经济的发展,一些学者开始关注政府补助与企业数字化转型之间的关系。如,张志元和马永凡(2023)基于信号传递视角研究了政府补助对企业数字化转型的影响,研究发现政府补助通过降低企业信息不对称、缓解融资约束及增强产学研协同能力推动企业数字化转型,但是该效应因企业、行业和区域特征不同而具有一定的差异性。余典范等(2022)研究了数字企业的补助,并发现通过产业间的传导,可以为其他产业的数字化转型赋能,具有一定的溢出效应。

(四)税收政策与企业行为

税收政策的公司治理作用日渐受到学术界的关注,Dyck & Zingales (2004)通过分析39个国家的数据后,发现税收征管可以有效地防范大股东掏空公司资产的行为,进而降低控制权私利,改善公司治理。Desai et al. (2007)以俄罗斯为研究样本,发现加强税收征管的措施能够有效地降低代理成本,提高公司价值。Guedhami & Pittman(2008)发现在税收征管较强的年度和地区,私有企业发行债券的成本会相对降低,这说明税收征管还可以有效缓解控股股东和债权人之间的代理冲突。我国学者林洲钰等(2013)研究发现税率降低政策和研发费用抵扣政策从直接和间接两个方面共同促进了企业技术创新,这两类税收政策对于企业技术创新的影响存在互补关系。潘越等(2013)研究了地区税收征管环境对中国上市公司债务融资能力的影响,研究发现税收征管对公司的债务融资能力有显著的改善作用。

部分学者针对具体的税收政策研究了政策效果,如范文林和胡明生(2020)指出固定资产加速折旧政策提升了企业的长期投资,而长期借款并无相应增加,因此企业存在投融资期限错配的"短贷长投"现象。但是申慧慧和于鹏(2021)发现该政策显著促进了企业的短期固定资产投资,对长期投资影响不显著。Guceri & Albinowski(2021)则利用荷兰数据,发现经济相对稳定的情况下,加速折旧政策对企业投资的促进作用更明显。由此可见,目前对该研究结论存在一定的争议,其长期投资和短期投资的计量差异,以及国情不同是导致研究结论不同的原因。

四、技术创新影响因素文献回顾

技术创新是企业长期投资的重要组成部分,是促进企业发展与经济增长的重要手段之一,对提升企业长期竞争力和保持国家竞争战略优势起着决定作用(Tian & Wang,2014)。自熊彼特提出创新理论以来,众多学者从制度环境、企业规模、资本市场、产品市场、公司治理、财务结构及企业家能力等方面对企业技术创新问题进行了积极的探索,并积累了大量的文献。本书主要从宏观层面和微观层面进行归纳和梳理。

(一)宏观因素对企业技术创新影响的文献回顾

1. 市场环境与技术创新

研发活动存在着外部性(Keller,2004),因此有效的知识产权保护是提高企业创新积极性的重要因素(Pazderka,1999)。Chen & Puttitanun(2005)通过构造理论模型,并以64个发展中国家为样本,发现知识产权对发展中国家创新具有积极作用,且知识产权与经济发展之间存在先减少后增加的"U"形关系。国内学者史宇鹏和顾全林(2013)同样在构建理论分析模型的基础上,分析了知识产权保护对企业创新投入的影响,并发现知识产权侵权程度对企业的研发具有很强的抑制作用,且事后查处不能完全消除该负面影响,知识产权保护对非国有企业、高竞争行业企业的创新投入影响更大。戴魁早等(2016)考察了要素市场扭曲对高技术产业创新绩效的影响,研究发现要素市场扭曲显著地抑制了高技术产业创新绩效,而且对创新绩效较低地区的负面影响更为显著。吴超鹏和唐菂(2016)研究了我国各省知识产权保护执法力度对上市公司技术创新及企业绩效的影响,结果表明政府加强知识产权保护执法力度可以通过减少研发溢出损失和缓解外部融资约束两条途径来促进提升专利产出和研发投资。毛新述和于娜(2023)基于当前深化国有企业改革背景中,从财力资源和人力资源两个维度,研究了产品市场竞争对商业类国有企业创新的影响,研究发现产品市场竞争能显著促进商业类国有企业进行创新投入,且相较于地方国有企业,产品市场竞争对中央商业类国有企业创新的促进作用在人力方面更强。

除知识产权保护外,鲁桐和党印(2015)考察了国家层面的投资者保护环境和行政环境对技术创新活动的影响,研究发现一国法律对投资者权利保护越好,企业面临的政府行政环境越好,则技术创新的资金投入、人员投入及专利产出将越多。潘越等(2015)基于法制环境以2006—2012年沪深A股高新技术行业的上市公司为样本,研究了资金类诉讼和产品类诉讼对企业创新活动的影响,研究发现资金类诉讼对企业创新活动具有显著的负向抑制作用,而产品类诉讼却对企业的创新活动具有显著的正向激励作用,证实了法律环境对创新的重要性。韩美妮和王福胜(2016)检验了法治环境、财务信息与创新绩效之间的关系,研究发现不完善的法治环境会降低创新绩效,而较高的财务信息质量能够提升创新绩效,且法治环境和财务信息在影响创新绩效方面存在替代关系。随着投资者保护意识的增强以及双碳目标的提出,韩国文和甘雨田(2023)探讨了投资者关注能对企业绿色创新绩效的作用。结果发现,投资者关注能够有效提高企业绿色创新绩效,体现在专利数量和专利质量上,但是企业资产规模、杠杆率、股权集中度对绿色创新绩效具有不同程度的影响。

此外，外部经济环境的变化对创新也产生了重要影响。Pierce & Delbecq(1977)认为环境的不确定性对创新具有积极作用。Miller & Friesen(1983)发现能够成功适应环境变化的企业增加了对创新的需求，而不能成功适应环境的企业则创新需求减弱。曹裕等(2009)分析了2008年以来我国中小企业面临前外部需求减少，劳动力成本上升等诸多外部市场因素，认为外部环境的变化能够迫使中小企业进行创新。蒋伏心等(2013)研究了环境规制和技术创新的影响，研究发现环境规制对技术创新不仅具有直接影响效应，而且还通过FDI、企业规模、人力资本水平等因素产生间接影响。姜军等(2017)基于《破产法》和《物权法》实施后，发现在外源融资需求程度大的企业中，企业创新水平显著增强，且债权人保护通过提高企业长期借款比率促进了企业创新。此外，市场竞争程度也是影响企业技术创新的重要外部因素(Utterback,1974)，张杰等(2014)研究中国情景下竞争和创新之间的关系，研究发现两者间存在显著的正向关系，但竞争只对民营企业创新研发活动产生激励效应，而对国有及外资企业均未产生激励作用。随着中国进入新发展阶段，一些学者开始关注环境规制对企业创新行为的影响，如刘冰等(2023)研究了碳排放交易政策对企业绿色技术创新的影响，研究结果证实碳排放交易政策通过对企业原有创新活动基础上的"杠杆作用"促进了企业绿色技术创新，且该促进作用主要存在于国有企业、规模较大的企业和高碳排放行业。

2. 产业政策与技术创新

产业政策作为政府宏观调控的重要手段之一，对创新活动的影响也得到了诸多学者的关注。但是国外有关产业政策对创新影响的文献相对较少，国内学者对该领域的研究取得了丰富的成果。江静(2011)从直接补贴与税收优惠的角度研究了政府公共政策对企业创新的影响，发现政府对内资企业研发活动的直接补贴政策显著提高了其研发强度；税收优惠政策对港澳台投资企业的创新活动增加有着较强的促进作用;港澳台和外商投资企业的研发强度与政府直接补贴呈现出显著的负相关关系。秦雪征等(2012)研究了国家科技计划对中小型企业创新的影响及其作用机制,发现参与科技计划将使企业进行产品创新的概率平均提高20%,进行方法创新的概率平均提高24%,并且该政策效应对于高研发投入密度的企业表现得更为显著。李晨光和张永安(2014)以北京中关村企业为样本,发现区域创新政策对样本企业创新效率的平均影响程度在0.31左右,其中政府资金补助、创新人才资助和研发软硬件扶持都对企业创新的专利产出效率起到了积极作用,税收优惠、资金补助以及高端人才税收补贴对创新产品收益也起到了积极的作用。并且微小企业对区域创新政策的依赖程度高于大型企业。余明桂等(2016)研究发现,产业政策能够通过信贷、税收、政府补贴和市场竞争机制促进重点鼓励行业中企业的技术创新,并且这种正向关系在民营企业中更显著。谭劲松等(2017)实证结果表明,产业政策能有效推动受政策支持企业进行更多研发投资,而且政府扶持力度越大,企业研发投资的积极性越高。

虽然诸多文献研究发现,产业政策对企业创新起到了促进作用,但是黎文靖和郑曼妮(2016)研究发现,受产业政策激励的企业更多是非发明专利的增加,而代表创新质量的发明专利并未显著增加,进而证实了选择性产业政策只是激励了企业策略性创新,而非实质性创新。杨国超等(2017)基于信息不对称理论和寻租理论,研究发现为了获取税收优惠和政府补助,高新技术企业研发激励政策诱发了公司操纵研发投入以满足法规门槛,且研发操纵公司的研发投入与公司未来发明专利申请、发明专利授权数量间的正相关关系更弱。由此可见,产业政策对创新的影响也要辩证看待,既要看到其对创新的促进作用,也要发现其潜在的风险,适时、适当的出台产业政策和有效执行产业政策,才能够真正发挥产业政策对创新的本质作用。黄华等(2022)基于数字经济发展的背景,探索了数字经济产业的政策环境对创新行为的影响,研究发现数字经济产业的政策环境是催生创新行为的有效因子。

3.金融市场发展与技术创新

金融市场的发展对企业创新有着重要的影响(Schumpeter,1912),良好的金融市场能够在降低融资成本,分配稀缺资源,评估创新项目,管理风险等方面发挥关键作用。Hsu et al.(2014)使用包含32个发达国家和新兴国家的大型数据,研究了股票市场和信贷市场对技术创新的影响,研究发现相比不发达的经济体国家,发达的经济体国家金融市场对那些更依赖外部融资、高技术密集型行业的企业创新水平更高,但是信贷市场的发展阻碍了该类企业的创新。Cornaggia et al.(2015)用州际银行间分支法律的放松管制来检验银行业竞争对创新的影响,发现总体而言,银行竞争导致了州级创新的总体下降,但是更加依赖外部融资的私营企业的创新有所增加,因为放松管制扩大了这些公司获得信贷的渠道,从而缓解了它们的财务约束,促进了创新。国内学者鞠晓生(2013)分析了内外部融资渠道对企业创新投资的影响,研究发现内部资金是企业创新投资的主要融资渠道,银行贷款是中央国有控股公司创新投资的重要融资方式。还发现在平滑创新投资波动方面,中央国有控股公司主要依赖于银行贷款,地方国有控股公司和非国有控股公司主要依赖于股权融资,该结论部分与Hsu et al.(2014)的研究相一致。唐清泉和巫岑(2015)基于中国国情,发现银行业竞争性的市场结构有助于缓解企业研发投资的融资约束,且该影响分别在民营、高科技、小型企业中表现更加显著。张一林等(2016)在分析了银行贷款和股权融资对技术创新的影响后,得出目前我国银行贷款较难支持技术创新发展,但是股权融资对技术创新的支持取决于对投资者权益的保护程度。钟腾和汪昌云(2017)从股票市场规模、银行业规模和银行业市场化三个维度衡量金融发展,发现股票市场相比于银行业更有利于促进企业专利创新,特别是对创新含量较高的发明专利影响更为显著。综上所述,金融市场对创新的发展普遍认为股票市场的发展有助于促进创新,而银行贷款并未对创新产生积极的影响,这对我国完善金融市场具有一定的启示意义。

随着数字技术在金融领域的应用以及经济高质量发展的背景下,一些学者开始关注数字金融对企业技术创新的影响,巴曙松等(2022)研究发现,数字金融通过提高企业环境信息披露质量和缓解企业融资约束,能够激励企业绿色创新,且体现在数字金融覆盖广度和数字金融使用深度方面。钟廷勇等(2022)则研究了数字普惠金融对绿色技术创新的影响,研究发现数字普惠金融能够通过缓解融资约束和提升城市财富,促进实质性绿色技术创新,而对策略性绿色技术创新无显著作用。

4. 经济政策不确定性与技术创新

创新是一种特殊的长期无形资产投资,其与有形资产的投资不同,具有投资周期长、风险高等特征,故影响其投资的经济因素也不同于影响有形资产投资的经济因素。虽然大量研究表明,经济政策的不确定性对有形资产的投资有不利影响(前文中有所论述),但是政策不确定性对技术创新的影响被大部分研究所忽略(顾夏铭,等,2018)。Bhattacharya et al. (2017)发现相较于经济政策,经济政策不确定性对创新的影响更大,且经济政策不确定性通过影响企业创新动力而抑制企业创新。国内学者陈德球等(2016)以地方官员市委书记的变更作为政策不确定性的代理变量,检验了其对企业创新行为的影响,研究发现由市委书记变更引发的政策不确定性,因为增强了公司所面临融资环境的不确定性,降低了企业的政府补助和银行借款,进而导致企业创新效率的下降。郝威亚等(2016)运用实物期权理论,采用 Baker et al. (2016)经济政策不确定性指数得出了相同的研究结论。

但是与以上研究结论不同的是,国内学者孟庆斌和师倩(2017)利用 Baker et al. (2016)经济政策不确定性指数,发现宏观经济政策不确定性具有敦促企业通过研发活动谋求自我发展的效应,且越容易受不确定性因素影响的企业,宏观经济政策不确定性对企业研发投入的促进作用越强;研发投入转化为预期回报效率越高和风险偏好程度越高的企业,宏观经济政策不确定性对企业研发投入的促进作用越弱。顾夏铭等（2018）在 Bloom（2007）模型的基础上通过动态模型，量化分析了经济政策对创新的影响，同样利用 Baker（2016）构建的中国经济政策不确定性指数进行实证检验，研究结果同孟庆斌和师倩（2017）一致。但是，孟庆斌和师倩（2017）的模型推倒以研发投入的动机是为提高公司期望回报率为前提假设，而研发投入实际上更多体现的是管理层意愿（周铭山，等，2017），因此该模型可能存在研究假设设定偏差的问题，而顾夏铭等（2018）虽然采用模型分析了影响机制，但缺乏对具体影响路径的经验验证。

由此可见，相较于其他宏观因素对创新的影响，经济政策不确定性对创新活动影响的研究相对匮乏，且研究结论尚不一致，这可能是因为经济政策不确定性的计量指标存在差异。另外，现有研究在分析经济政策不确定性对创新的内在传导机制方面也不够充分，经济政策不确定性是否通过影响管理层的创新意愿，进而影响企业创新？既有文献均未涉及，这为本书提供了进一步的研究空间。

（二）微观因素对企业技术创新影响的文献回顾

在微观层面上研究企业技术创新的文献相对较多且内容也较广泛，本书主要从以下几个方面进行梳理和回顾。

1. 企业规模与技术创新

企业规模对技术创新的研究目前没有统一的结论，主要存在大规模论和小规模论两种观点。以熊彼特（1942）为代表的大规模论，认为大企业比小企业有更强的创新能力，因为大企业在规模经济、风险分担和融资渠道等方面拥有相对优势，且研发活动需要连续的资金支持，因此垄断企业有更强的创新能力。Kogut（1985）认为企业通过兼并重组等扩张行为可以为企业带来规模经济性、范围经济性和学习经济性等利益，分享企业的独特能力和创新资源，从而有利于提升产业技术水平。Cohen & Klepper（1996）、张杰等

（2007）认为大企业规模生产对工艺创新投入的补偿优势以及通过技术溢出效应和对企业集聚的主导作用，在产业升级过程中往往具有不可替代的作用。高良谋和李宇（2009）解释了大、小企业相互转化过程中企业规模与技术创新的动态连续关系。小规模论认为小企业更能发挥比较优势，更有利技术创新（益智，2005；Agrawal，1992）。

2. 经营者激励机制与企业技术创新

企业创新行为最终体现为管理者的意愿，因此有效的激励机制可以激励管理者创新动力，但是激励创新的激励机制应该与标准的绩效薪酬机制有所不同。Manso（2011）认为激励创新的最佳激励机制对早期的失败表现出极大的宽容（甚至是奖励），对长期的成功表现出奖励。在这种激励机制下，长期的薪酬计划、工作保障以及对员工表现的及时反馈是激励创新的关键。而在管理层薪酬方面，最优的创新激励方案可以通过长期持股、期权重定价、黄金降落伞和管理层固定化的组合方式来实施。Baranchuk et al.（2014）发现给予管理者等待期更长的期权和避免接管威胁有助于激励管理层创新。Chang et al.（2015）发现给予员工股票期权也助于提升企业创新。国内学者，王姝勋等（2017）也得出相同的结论，且进一步发现，期权激励对创新的促进作用分别在非国有企业、基金持股较多的企业、期权行权期较长的企业和高管期权授予相对规模较大的企业中更加明显。另外，余明桂等（2016）考察中央企高管业绩考核制度对企业创新的作用，发现相对于不受该项制度影响的民营企业来说，央企的创新水平在新政策实施后显著提高。该结果说明国有企业通过改变高管的激励机制也可以提高企业效率。陈林荣等（2018）基于管理层盈余动机，发现在基数期公司研发支出强度与是否实行股票期权激励计划呈显著正相关，而在行权等待期公司研发支出强度变化与是否实行股票期权激励计划呈显著负相关，证实了经理人存在利用研发支出进行盈余操纵的动机，以获取由股票期权激励带来更大的经济利益。孔东民等（2018）基于锦标赛理论从薪酬差距角度考察其对创新的影响,研究发现薪酬差距促进了创新产出,并在薪酬差距水平较低的情况下,扩大薪酬差距显著提升了企业创新,但在薪酬差距水平较高的情况下,扩大薪酬差距对企业创新有负向作用。陈云桥等(2022)对比了高管与核心技术员股权激励下其对创新的作用,研发发现相较于高管,核心技术员工股权激励强度越大,企业创新数量越多、质量越高;而高管股权激励降低了创新转化效率。

3. 股权结构与企业技术创新

Francis et al.(1995)研究发现分散的股权不利于创新,集中的股权结构有助于创新,因为管理层持股和大股东有助于发挥监督机制,降低与创新相关的代理成本和契约成本。Choi et al.(2011)从所有权的角度研究了转型经济体的公司创新绩效的问题,研发发现外资控股的企业创新更强,国有企业和机构投资者对企业创新影响正相关,但是具有滞后性,内部人持股导致更低的创新绩效。国内学者,夏冬(2003)研究发现增加经营者所有权或减少政府所有权,将有助于改善企业创新效率。李春涛和宋敏(2010)研究了不同所有制结构下经理人薪酬激励对企业创新投入和产出两方面的影响,研究发现国有企业创新性更强,CEO首席执行官薪酬激励也促进了企业创新,但是国有产权降低了激励对创新的促进作用。

部分学者进一步研究了大股东行为对创新的影响,唐跃军和左晶晶(2014)发现中国民营企业更愿意进行持续高水平的研发投入,国有企业创新投资较低,且大股东制衡机制对创新投入的提升在民营企业中更为显著。张峰和杨建君(2016)基于风险承担的中介效应分析了大股东战略干预和战略共享对创新的影响,研究发现经理人的风险承担完全中介大股东战略干预行为对企业创新绩效的影响,而部分中介大股东战略共享行为对企业创新绩效的影响。朱冰等(2018)研究发现多个大股东"过度监督"行为抑制了企业创新。传统文献重点关注外部大股东发挥公司治理作用的"用手投票"和"用脚投票"行为,而对大股东退出威胁的公司治理效应关注不足。陈克兢等(2021)研究了外部大股东退出威胁与企业创新的关系以及机理,发现外部大股东退出威胁通过减少控股股东掏空行为可以有效地促进企业的创新投入和产出,对企业创新产生治理效应。狄灵瑜和步丹璐(2021)从国有企业混合所有制改革为背景,研究了异质性大股东对于企业创新的影响,发现国有企业通过引入非国有大股东,发挥了监督治理作用,进而降低了控股股东占款的路径,提高了企业创新水平。

除此之外,李常青等(2018)实证分析了控股股东股权质押与企业创新投入之间的关系,研究发现控股股东股权质押会抑制企业创新投入,且这种作用在控股股东持股比例较低和两职合一的公司中会更加显著。而李姝等(2018)着眼于非控股股东的作用,研究发现非控股股东投票率与企业研发投入和专利申请数量均呈显著的正相关关系。另外,结合我国股权改革的现实背景,李文贵和余明桂(2015)研究在混合所有制的背景下民营化企业的股权结构对企业创新的影响,结果表明非国有股权比例与民营化企业的创新活动显著正相关。石晓军和王骛然(2017)研究发现,双股制对企业创新在全球意义上有显著的促进作用,但在新兴国家中,采用双股制而且创始人任 CEO 或董事长反而抑制企业创新投入,并说明中国目前采用双层股权制度的条件尚不成熟。

董事会在公司治理中具有重要作用,它负责监督和指导经理,可以有效地减少所有权和控制权分离所产生的代理成本。冯根福和温军(2008)发现独立董事制度与企业技术创新存在正相关关系。Balsmeier et al. (2017)以监管政策变化为背景,发现更独立的董事会企业更加专注于熟悉的技术领域,虽然发明的专利更多,但探索性更低。因为更加独立的董事会可能会使管理者专注于开发,以实现平均收益的最大化,而不是寻求可能带来突破性创新研究。

4. 外部治理机制与企业技术创新

外部治理作为公司治理的一个重要范畴,对技术创新的影响也受到了广大学者的关注,且主要集中在分析师、机构投资者、企业风险投资以及投资者对失败的容忍度等方面,外部治理机制通过改变管理激励机制,从而激励管理者更多地关注长期的创新活动。He & Tian(2013)发现分析师对管理者施加了太多压力,管理者为了实现短期目标,从而阻碍了企业对长期创新项目的投资。但是,我国学者陈钦源等(2017)得出了相反的研究结论,发现分析师跟踪显著提升了被跟踪企业专利产出量,因为分析师缓解创新过程中的信息不对称及代理问题,并支持市场压力假说。而杨道广等(2017)基于市场压力假说,采用媒体负面报道数量衡量媒体压力,研究发现媒体负面报道数量与企业创新水平显著负相关,并证实了短期财务业绩压力是抑制创新的主要原因。Aghion et al. (2013)通过对比懒惰经理人假说与机构所有者通过降低职业风险模型,检验机构投资者对创新的作用,发现机构投资者对职业的关注促进了创新。温军和冯根福(2012)研究了中国制度背景下的机构持股、企业性质与企业创新的关系,结果表明证券投资基金对企业创新有显著的负效应,这种负效应在国有企业中表现得更为明显;民营企业中机构投资者持股促进了企业的创新活动,国有企业中机构投资者持股与企业创新呈显著的负相关关系;机构投资者整体持股对全样本企业的专利申请有不显著的正效应,而对 R&D 投入则有显著的负效应。陈思等(2017)研究风险投资对企业创新的影响,研究发现 VC 的进入有利于被投企业引入研发人才,扩大研发团队,还为被投企业提供了行业经验与行业资源,从而促进了被投企业创新。温军和冯根福(2018)将增值服务机制以及对攫取行为的创新失败概率拓展到了经典风险投资行为模型,分析了风险投资对企业创新的作用,研究发现,样本期间风险投资整体上降低了中小企业的创新水平,且风险投资对创新的影响呈现先递减而后递增的"U"形关系。

在 VC 之后,出现了企业风险投资模式(Corporate Venture Capital, CVC),CVC 通常发生在技术变革快速、竞争激烈的行业(曾蔚,等,2021),大公司利用 CVC 可以获取技术优势,有助于实现公司技术创新绩效。

Chemmanur et al.(2013)实证检验了CVCs(企业风险投资)母公司与其支持的创业公司之间的技术契合度,以及CVC在具有更大的失败容忍度作用机制的存在。曾蔚等(2021)发现不同CVC投资模式对大公司技术创新绩效的影响存在显著差异,即联盟模式对技术创新投入与产出的影响显著优于附属创投和委托投资模式。王雷和崔微萍(2021)分析了关系专用资产与CVC企业创新绩效之间的关系,发现关系专用资产与CVC企业创新投入之间有显著的倒"U"型关系,CVC竞争强度有显著的"U"形调节作用。

另外,冼国明和明秀南(2018)考察了跨国并购对企业自主创新的影响,研究发现,海外并购显著地提高了企业的创新水平,且除外观设计专利影响不显著外,对发明、实用新型专利申请及发明授权数显著增加。根据我国制度背景,郝项超等(2018)研究了融资融券对我国上市公司创新的影响,研究发现融券促进了创新数量与质量的同步增加,而融资却导致创新数量与质量同步下降。在融资交易为主的情况下,融资的负面影响超过了融券的正面影响,从而使得融资融券总体上阻碍了企业创新。张杰等(2016)根据近几年中国房地产价格的持续升高以及房地产投资的快速扩张的现实情况,分析了房地产对创新的影响,研究发现中国情景下房地产对创新活动造成了直接的阻碍作用,且中国金融体系存在对房地产贷款期限结构的偏向,对中国的创新活动形成了间接的抑制效应。

5. 政府干预与企业技术创新

一直以来有关政府干预企业行为存在"扶持之手"和"掠夺之手"两种观点,而对企业创新的研究也存在两种不同的观点,一种是"激励效应"认为政府支持整体上确实能够促进企业创新(吴延兵,2006;Mahmood & Rufin,2005)。另一种观点是"抑制效应",如肖文和林高榜(2014)研究发现,政府的直接和间接支持并不利于技术创新效率的提升。逯东等(2015)揭示了政治关联对创业板公司上市后业绩变化影响的作用机制,研究发现,有政治关联的公司更可能进行盈余管理,而盈余管理的不可持续性导致了上市后的业绩变脸;同时,政治关联抑制了公司的研发投资,削弱了公司上市后的研发创新能力。袁建国等(2015)发现企业政治关联通过降低市场竞争,促使企业过度投资途径降低了企业创新。

政府干预企业创新方式主要通过直接补贴和税收激励两种方式。其中,一些研究发现研发补贴促进企业研发投入(李汇东,等,2013;Romano,1989;Clarysse et al.,2009)。李玲和陶厚永(2013)发现政府补贴对民营企业的创新起到促进作用,但对国有企业创新影响不显著。陆国庆等(2014)发现对战略性新兴产业的创新补贴起到了积极的作用,也产生了创新外溢效应。王刚刚等(2017)研究发现政府研发补贴对企业 R&D 投入的激励效应高度依赖于外部融资激励机制,即政府研发补贴能够释放基于政府信用的技术认证和监管认证双重信用认证信号,使得市场投资者基于对政府评估的信任而给予企业更高的信用认可,这样企业便可获得更多的外部认证性融资,缓解融资约束,进而提升创新投入。郭玥(2018)也得到相同的结论。但是,还有学者发现政府补贴对创新产生了挤出效应。如张杰等(2015)发现中国情景下政府创新补贴对中小企业私人研发并未表现出显著的效应,但在那些知识产权保护制度完善程度越弱的地区,政府创新补贴政策越能促进企业私人研发的提升;贷款贴息类型的政府创新补贴政策对企业私人研发造成了显著挤入效应,而无偿资助等类型的政府创新补贴政策却未产生如此的挤入效应。潘越和许家云(2015)发现只有适度的补贴能够显著激励企业新产品创新,而高额度补贴抑制了企业新产品创新。税收方面,李万福等(2016)发现企业的最终研发投入取决于研发税收优惠力度与调整成本的相互作用,只有当研发税收政策的优惠力度足以弥补研发调整成本时,才能对企业研发起到实质性的激励作用。白旭云等(2019)分析政府税收优惠和直接研发补贴对企业创新绩效和创新质量的影响,结果表明政府的研发补贴对企业的创新绩效和创新质量均具有挤出作用,而税收优惠政策有利于企业创新绩效和高质量创新产出的提升。

还有学者考察了政府其他行为对创新的影响。蔡晓慧和茹玉骢(2016)分析了地方政府基础设施投资对企业技术创新影响的内在机制,结果发现基础设施建设对企业研发存在产品市场规模效应和金融市场挤出效应。短期内,基础设施投资通过金融市场挤出企业研发投资;而在长期,随着基础设施资本存量增加,产品市场规模扩大会提高企业研发投资的资本回报,激励企业投入研发。党力等(2015)研究了反腐败对企业创新的影响,认为寻求政治关联和提高创新能力是企业发展的两个互为替代的手段,反腐败由于增加了企业谋求政治关联的相对成本,显著提高了企业的创新激励。江轩宇(2016)探讨地方国有企业的金字塔结构对企业创新产生影响,研究发现地方国有企业的金字塔层级通过减轻政策负担、增加创新资源及缓解薪酬管制、提升创新意愿等途径促进企业创新。周铭山和张倩倩(2016)考察了国有企业高管政治晋升激励对企业创新的影响,研究证实政治晋升激励下国有企业 CEO 的"真才实干"机制,在降低研发投入量的基础上,提高了企业创新投入产出率和创新产出的价值增值能力。

6.高管特征与企业技术创新

近年来基于高层梯队理论,高管特质对企业行为影响的研究日益成为财务会计领域的新热点。Hambrick(2007)认为高管的不同特质和经历能够影响企业的经营管理和战略决策。关于高管特质(背景、经历)对企业创新的影响,刘运国和刘雯(2007)发现高管任期越长的公司 R&D 投入越多,年龄段不同的高管任期内对 R&D 支出的影响存在显著差异。王清和周泽将(2015)研究了女性高管对研发投入的影响,研究发现女性高管显著降低了企业 R&D 投入。Lin et al. (2011)发现 CEO 的教育程度、专业背景和政治关系与企业的创新努力呈正相关。Yuan & Wen(2018)发现国外管理经验与企业创新正相关。虞义华等(2018)分析了董事长和总经理的发明家经历对企业创新影响,研究发现,发明家高管通过提供专业知识、提高管理层多元化、减轻管理层短视、向企业内部个体发明家传递激励信号等途径促进企业创新,且在高科技企业、国有企业、大型企业、成熟企业以及制度环境较差地区企业创新更加明显。赵子夜等(2018)从公司的总经理和董事长的工种、行业和地区跨界经历等方面构建了能力结构指数,并发现通才型领导人显著提升了公司的研发费用、专利申请和专利引用。另外,一些学者还从管理层过度自信及风险偏好角度进行了研究,Hirshleifer et al. (2012)发现过度自信的 CEO 更多投资在创新上,取得更多的专利和专利引用率。国内学者易靖韬等(2015)也得出了相同的结论。另外,随着数字经济的发展,高管对数字经济的认知程度也影响着其创新决策,应情滢和陈衍泰(2023)基于数字化新情境下,研究了高管认知的动态转变对产品创新的影响,发现高管认知灵活性通过增强数据驱动的动态能力促进产品创新,通过信息搜寻强度促进数据驱动的动态能力,进而提升产品创新,该研究丰富了数字化新情境下的产品创新管理理论。除了高管个人特征对企业创新的影响外,部门学者也关注了高管团队特征对企业创新的影响。齐丽云等(2023)从高管团队异质性角度分析了其对企业绿色创新的影响,研究表明高管团队职能背景异质性对绿色技术创新和绿色管理创新均具有显著促进作用。

由此可见,创新活动更多体现管理者意志,从管理者特质出发研究其对创新的影响拓展了传统创新理论研究。

五、简要评述

通过对宏观经济对微观企业行为以及企业技术创新影响因素等相关文献的梳理,不难发现在该两大研究领域,学者们取得了丰硕的研究成果。对于创新活动,国内外学者分别着眼于经济政策、政治环境、市场环境、公司治理、高管特质等方面对企业技术创新的影响因素做了大量的研究,并取得了丰硕的成果,但是仍存在一些值得进一步研究的空间。

第一,宏观经济环境整体变化对创新影响的研究相对缺乏。虽然国内外学者从宏观层面不同角度的创新进行了研究,但关注的重点是创新行为,更多将研发投入作为创新指标来衡量,较少单独将研发投入行为作为企业应对外部环境变化重要手段进行考察,且研发投入多是从水平层面考察,对其发展趋势的研究较少。研发投入不仅是企业创新能力的体现,也是一个重要的企业成本项目;它不仅影响到企业的短期利益,也体现了企业长期发展能力。因此,充分考察研发投入在变化的宏观经济中的调整规律(方向、强度、速度)有助于深刻认识企业创新行为。

第二,在既有宏观层面对创新影响的研究中,针对具体宏观层面上的某一方面对创新的研究较多,但是将宏观因素作为整体研究其对创新影响的相对不足。企业作为经济生产中的最小个体,面临的是全部宏观因素变动的总和对其产生的冲击,大多时候较难分离出具体哪种政策对其创新行为影响的效果。因此,将宏观环境的变化作为一个整体的冲击研究其对企业创新行为的影响更有现实意义,更有利于分析企业应对外部冲击的综合反应能力或适应能力。

第三,既有文献越来越关注宏、微观经济对微观企业的内在传导机制的研究,但是宏观—中观—微观的传递机制中,往往忽略了管理层动机。首先,由于创新具有长期性、高风险性、不确定性和高信息不对称性的特征;其次,外部宏观环境的变化再次加重了创新的信息不对称性;最后,我国会计制度对研发支出的有条件的资本化处理方式,对利用创新活动进行盈余管理提供了机会。因此,在代理理论的框架下,管理层动机是需要考虑的重要因素之一,将管理层动机融入宏观经济变动—中观传导—创新调整机制中,这样会使研究体系更加完整,更有助于理解研发活动的内在影响因素。

第三章

宏观经济变动与创新现状分析

改革开放以来,经济长期两位数的增长速度让我国成为世界第二大经济体,但是受世界金融危机冲击、国内经济结构调整以及近年新冠疫情、地缘政治等诸多因素的影响,外部宏观经济环境日益复杂,不确定性逐渐增大,在构建中国式现代化道路上如何实现经济高质量发展,提升企业核心竞争力,已然成为当前我国所面临的迫切现实问题。

第一节　我国宏观经济增长现状

自新中国成立以来,我国经历了几乎每十年一个经济周期,自 2010 年进入了第十一个经济周期(刘树成,2010)。在第十个经济周期中,2004 年完成了从经济萧条到经济繁荣的总体经济景气周期的转换,2005—2006 年,我国宏观经济运行呈现高经济增长与低通货膨胀的良好格局,2007 年继 2006 年的强劲扩张趋势,GDP 增长率高达 14.2%,出现了经济过热的迹象。但是,受美国次级贷引发的 2008 年全球金融危机的影响,2008 年 11 ~ 12 月,我国进出口总值出现负增长,同比下降 9% 和 11.1%,致使 GDP 下滑至 9.7%。为了应对金融危机,世界各国都陆续推出了经济刺激方案,力图扭转经济下滑的局面。我国政府为了进一步扩大内需、促进经济平稳较快增长,在坚持实行积极的财政政策和适度宽松的货币政策的同时,采用了包括"四万亿"经济刺激计划在内的应对国际金融危机的一揽子计划,用以扭转经济增速明显下滑的局面,2009—2010 年 GDP 增长率由 9.4% 上升至 10.6%。2011 年国内外经济形势较为严峻,表现为世界经济整体发展放缓,国际金融市场剧烈动荡,贸易保护主义抬头,国际贸易增速回落,欧洲债务危机不断加剧,美国经济复苏乏力。我国采取了"控通胀、调结构、保增长"调整政策,GDP 增速维持在了 9.6%。自 2012 年之后我国经济下行压力较大,经济增速持续放缓,2012—2015 年我国 GDP 增长率由 7.9% 下降到 6.9%,因此我国经济进入了从高速增长转变至中高速增长的经济"新常态"。同时,我国继续实施积极的财政政策和稳健的货币政策,宏观调控政策已由 2011 年的"控通胀、调结构、保增长"向"保增长、调结构、防通胀"的方向转变。2015 年12 月召开的中央经济工作会议,提出了"去产能、去库存、去杠杆、降成本、补短板"的宏观调控策略,为 2016 年"十三五"开局年定好发展基调,随着改革的深入推进和稳增长措施的不断落实,2016 年我国经济整体趋稳向好,GDP增长率维持在 6.7%。但是,受 2020 年新冠肺炎疫情的影响,2020 年 GDP增长率仅为 2.2%,之后国家采取稳健的财政政策以及在以一系列减税降费政策下,积极推动企业复工复产,2021 年 GDP 增速再次上升为 8.1%。图 3-1 为 2001—2021 年我国 GDP 增速变动趋势。从图 3-1 可以看出,20 年来,我国 GDP 出现了较大的变动。

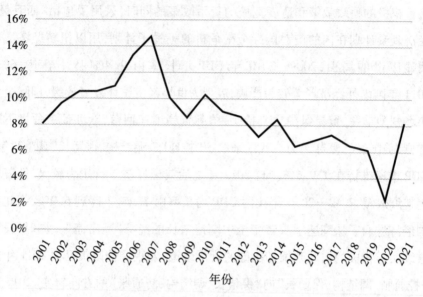

图 3-1　GDP 增速变动趋势图

第二节　经济政策不确定性现状

经济政策不确定（economic policy uncertainty, EPU）的上升源自于 2008 年全球性金融危机。自 2008 年金融危机爆发以来,各国政府为了应对宏观经济波动,出台了诸多经济政策。但是,宏观环境的巨大变化也使政府制定的经济政策未来指向不明确性增大,引发了很大的经济政策不确定性（饶品贵,等,2017）。国际货币基金组织（IMF）在 2012 年的《世界经济展望》报告中指出经济政策不确定性导致企业和家庭在投资、雇佣和消费等方面的减少,进而导致世界经济的复苏缓慢。世界银行在 2017 年《全球经济展望》报告中也表示,近年来诸多新兴经济体的经济政策不确定性是导致其投资疲软与萎缩的关键因素（The World Bank,2017）。

作为"新兴加转轨"时期的中国，长期处于经济结构转型之中，政府发挥着"有形之手"的作用，采取多种经济调控手段，频繁出台各项经济改革政策，因此被认为是经济政策不确定性较高的国家之一（饶品贵，等，2017）。如 2007 年为了预防经济过热，我国政府加大了运用经济手段进行宏观调控的力度，主要是 8 次提高银行存款准备金率、5 次提高存贷款基准利率和发行特别国债，取消或降低部分产品出口退税率和反征出口关税、扩大加工贸易限制列产品目录等政策措施。之后，受到 2008 年全球金融危机的影响，推出了"四万亿"经济刺激计划。为了应对"经济增长速度换挡期、结构调整阵痛期、前期刺激政策消化期"三期叠加的局面，政府又相继推出了"大众创业、万众创新""中国制造 2025""工业 4.0""互联网+"等一系列宏观经济政策，这些政策的出台虽然缓解了我国经济在短期内面临的困境，但也在一定程度上增加了我国经济政策的不确定性。2015 年 12 月召开的中央经济工作会议，提出的供给侧结构性改革，"去产能、去库存、去杠杆、降成本、补短板"等一系列深化改革措施。纵观近十年，中国经济形势已经呈现出复杂和不确定性增多的格局。

图 3-2 为中国、美国和全球经济政策不确定性指数变化趋势图。总体上，中国与美国、全球经济政策不确定性指数变化基本趋同，但是中国经济政策不确定性的波动相对较大。2002—2007 年，中国经济不确定性与美国、全球经济政策不确定性指数波动基本一致，但是到 2007 年之后，中国经济政策不确定指数波动幅度显著高于美国和全球经济政策不确定性指数，尤其是 2008 年，中国经济政策不确定指数显著上升，之后在 2010 年又低于美国和全球经济政策不确定指数，2012 年再次达到高峰后，又急剧下降，并在 2015 年再次达到历史最高水平。2014 年之后中国经济政策不确定性指数明显高于美国和全球，2019 年达到最高值，2020 年受到新冠肺炎疫情的影响，全球和美国经济不确定性指数均增大，但是中国仍高于美国和世界不确定性。这说明 2008 年金融危机以来，相对于美国和全球市场的经济政策不确

定性,中国政府根据自身的发展战略以及国内外经济发展形势,出台了更多调控经济发展的政策,以保证中国经济平稳、快速发展,不断向高质量经济发展方式转变。

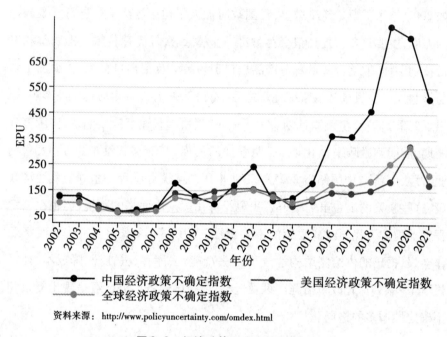

资料来源：http://www.policyuncertainty.com/omdex.html

图 3-2　经济政策不确定性趋势图

图 3-3 为经济增长与经济政策不确定性趋势图。由图可见,除 2008—2009,2012—2014 年 GDP 与 EPU 呈短暂同向变化后,其余期间内均呈反方向变动,即经济增长越快,经济政策不确定性越小,反之,经济增长越慢,经济政策不确定性越高。这是因为经济政策本身具有(财政政策、货币政策)逆周期调节的作用,当经济发展过热时,政府出台相应政策以抑制经济过热,实现经济软着陆;当经济增速放缓,为了刺激经济发展,政府又响应出台各项经济政策刺激经济发展,因此,经济增长与经济政策总体上呈反方向变化。总体来看,近十五年来,我国经济增长速度放缓,由高速增长向中高速增长转变,但是在 2020 年由于受到新冠肺炎疫情的影响,GDP 达到最低值。

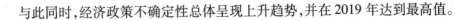

与此同时,经济政策不确定性总体呈现上升趋势,并在 2019 年达到最高值。

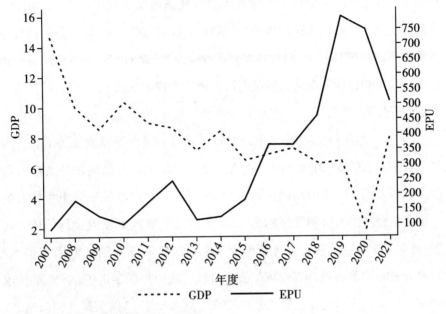

资料来源:国家统计局, Baker(2016)。

图 3-3　中国 GDP 与 EPU 对比趋势图

第三节　我国研发投入现状

创新是企业保持竞争优势和促进经济长期增长的重要动力(Solow,1957)。2002 年召开的党的十六大立足于全面建设小康社会、加快推进社会主义现代化建设的目标,要求制定国家科学和技术长远发展规划。之后,2006 年颁布了《国家中长期科学和技术发展规划纲要(2006—2020 年)》(以下简称《纲要》),明确指出到 2020 年,我国科学技术发展的总体目标是:"自主创新能力显著增强,科技促进经济社会发展和保障国家安全的能力显著增强,为全面建设小康社会提供强有力的支撑;基础科学和前沿技术研究综合实力显著增强,取得一批在世界具有重大影响的科学技术成果,进入创新型国家行列,为在 21 世纪中叶成为世界科技强国奠定基础。”“到 2020 年,全社会研究开发投入占国内生产总值的比重提高到 2.5% 以上,力争科技进步贡献率达到 60% 以上,对外技术依存度降低到 30% 以下,本国人发明专利年度授权量和国际科学论文被引用数均进入世界前 5 位”。至此,科技创新正式拉开序幕。

2012 年党的十八大指出“未来的增长之路必须由外延型经济增长向内涵型经济增长转变,而转变的方式之一就是实施创新驱动的发展战略”,再次将创新提到了空前的高度。自党的十八大以来,以习近平同志为核心的党中央把创新作为引领发展的第一动力,摆在党和国家发展全局的核心位置,确立了 2020 年进入创新型国家行列、2035 年跻身创新型国家前列、2050 年建成世界科技创新强国的战略目标。我国先后制定了《纲要》《国家中长期科学和技术发展规划(2021—2035)》《“十四五”国家科技创新规划》以及《新一代人工智能发展规划》《推进“一带一路”建设科技创新合作专项规划》和《基础研究十年规划》等专项规划。根据《2021 年全国科技经费投入统计公报》显示,2021 年全国共投入研究与试验发展(R&D)经费 27 956.3 亿元,比上年增加 3 563.2 亿元,增长 14.6%,增速比上年加快 4.4 个百分点;研究与试验发展(R&D)经费投入强度(与国内生产总值之比)为 2.44%,为历史最高水平。

图 3-4 为 2007—2021 年我国研究与实验发展经费支持和占国内生产总值的比例情况,可以看出,总体来看,我国研发与实验发展经费支出和占比呈逐年上升趋势,研发支出占比在 2013 年之前保持较高比例,但 2013—2014 年略有下降,之后增长趋势有所减缓,2019—2020 年出现了较高增长。这表明随着我国经济逐步进入“新常态”,创新已然成为维持和驱动我国经济可持续发展的决定性因素。经济增长模式由要素粗放型驱动向创新驱动发展型方式的转变,无论是从我国经济结构调整转型的角度,还是从加快产

业结构转型升级、推进战略性新兴产业和先进制造业发展的视角来看,创新的决定性作用变得越来越重要。

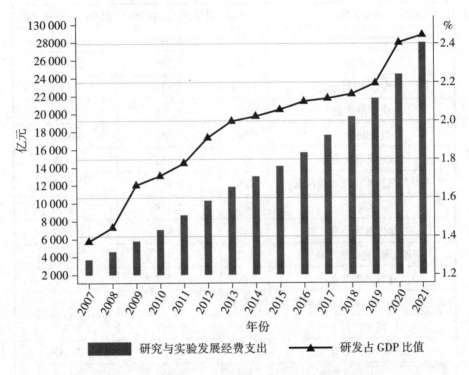

图 3-4　我国研究与实验发展经费支持及其占 GDP 比值

为了进一步分析不同行业研发投入情况,按照如下筛选原则计算研发投入强度:样本年度为 2007—2021 年;剔除未披露研发投入的公司;剔除金融类公司;剔除上市不足 2 年的公司和资不抵债的公司。研发投入强度为行业内所有样本上市公司研发投入强度(研发总投入/营业收入)的算术平均值,研发投入增长速度为行业内所有样本上市公司研发投入速度(当年研发总投入–上年研发总投入)/上年研发总投入的算术平均值。行业划分根据证监会 2012 年修订的《上市公司行业分类指引》。表 3-1 为分行业统计结果。

表3-1 分行业统计研发投入强度和增长速度

行业名称	样本量	研发投入强度(%)	研发投入增速(%)
农林牧渔业	315	1.940	71.89
采矿业	541	2.065	2 044.8
食品、纺织制造业	1 577	1.810	69.87
化学制造业	4 831	3.736	276.1
设备制造业	9 546	5.045	404.0
仪器、仪表制造业	425	5.733	3 151
电热燃气及水生产和供应业	510	0.683	177.8
建筑业	608	2.418	501.0
批发和零售业	610	0.805	169.3
交通运输、仓储和邮政业	372	0.748	203.2
住宿和餐饮业	33	0.757	172.2
信息传输、软件和信息技术服务业	1 646	11.3	33.27
房地产业	313	0.957	547.1
租赁和商务服务业	208	1.123	46.43
科学研究和技术服务业	208	5.809	30.82
水利、环境和公共设施管理业	203	3.148	32.55
居民服务、修理和其他服务业	2	1.044	7.392
教育	30	5.452	30.77
卫生和社会工作	49	1.862	75.17
文化、体育和娱乐业	239	2.793	35.10
综合	171	2.543	102.9
合计	22 437	—	—

由表3-1可见,平均看来,样本内信息传输、软件和信息技术服务业的研发投入强度最大,为11.3%,其次为科学研究和技术服务业,研发强度为

5.809%,电热燃气及水生产和供应业研发投入强度最低,只有0.683%。由此可见,研发投入强度具有较大的行业差异。从研发投入增长速度来看,样本内整体研发投入均得到快速发展,尤其是制造业增幅更为显著,这与我国近年来提出推进制造业高质量发展的战略举措有关,其中仪器、仪表制造业研发投入增速最快,平均达到3 151%,其次是采矿业研发增速为2 044.8%,而研发投入强度最大的信息传输、软件和信息技术服务业,其研发投入增速较为平稳,平均增速为33.27%。这可能是因为研发投入强度大的行业,对研发投入的刚性需求较大,持续的研发投入,不会导致研发投入增速的快速增长,而是维持在一个相对平稳的增长区间。而研发投入增速快的行业可能受到国家经济政策的影响相对更大(如设备制造业),所以研发投入增速出现较大变动。

经济周期波动与企业技术创新

　　创新是企业保持竞争优势和促进经济持续增长的重要动力（Solow，1957），具有周期长、风险高、投入大以及异质性强等特点（Hirshleifer et al.，2012），外部环境的重大变化，都有可能对企业的创新活动造成显著影响（潘越，等，2015）。本章试图从外部市场机制和内部资源配置机制，分析并检验经济周期波动对企业技术创新的影响及其作用机制。

第一节　经济周期波动下企业技术创新的重要性

　　自1978年改革开放以来，中国经济长期维持在9%以上的高速增长，但是中国经济的高速增长主要依靠投资、出口和消费三驾马车的拉动，自2008年之后，受到世界经济发展形势和国内经济结构调整等多因素影响下，中国经济正由高速发展向中高速发展转变。据国家统计局数据显示，GDP年增速从2007年14.7%，降至2017年的7.1%，中国经济进入了换挡、减速、调整的新常态。在转变经济发展方式，调整产业结构，深化国企改革等一系列经济改革措施的推动下，中国宏观经济环境变得日益复杂。而企业作为经济运行的最小个体，其运行总是处于特定的经济环境中，当外部经济环境变化时，企业将通过怎样的内部调整来适应外部环境的变化，或者说宏观经济环境和政策如何影响企业行为,这在理论上和实务上都是一个值得关注的问题(陆正飞和韩非池,2013)。

创新活动作为企业一项重要的长期投资,不仅影响着企业的短期利益,也决定着企业长期竞争力水平(Tian & Wang,2014)。由于其有周期长、风险高、投入大、正外部性和信息不对称性强等特征(Bhattacharya & Ritter,1983;Hirshleifer et al. ,2012),更容易受到外界环境的影响。因此,当外部环境发生重大变化,都有可能对企业的创新活动造成显著影响(潘越,等,2015)。

虽然大量文献研究了宏观经济环境对企业创新行为的影响,其中涉及法律制度环境(潘越,等,2015;Chen & Puttitanun,2005)、产业政策(黎文靖和郑曼妮,2016;谭劲松,等,2017)、财税政策(张同斌和高铁梅,2012;陈红,等,2019;Xu & Xu,2013)等。但是从宏观经济发展整体变化趋势对创新影响的研究相对缺乏,因为作为最小经济运营单元的企业,所面临的是整个宏观环境变化的综合体现。同时,从宏观到微观传导机制的研究仍然不足(姜国华和饶品贵,2011),而影响机制却是宏微观研究的重要视角(姜付秀和刘志彪,2015)。从微观企业层面分析宏观经济变动的传导机制,不仅有助于深入理解企业行为与企业产出的关系,还有助于预测企业未来的行为与产出(姜国华和饶品贵,2011)。

基于以上分析,本章从宏观经济发展的总体表现,即经济周期波动出发,研究其对企业创新的影响,并剖析内在机制及其传导路径,对发现企业创新规律,规范企业创新行为,激发企业创新积极,提升企业长期竞争力,推动创新驱动发展战略的稳步实施具有重要意义。

第二节　经济周期波动对企业技术创新的影响机制

一、理论分析

宏观经济学中的内生增长理论认为,内生的技术进步是保证经济持续增长的决定因素(Arrow,1962)。但是宏观经济和微观企业之间是总量与个体的关系,表现为宏观经济政策—企业行为—企业产出—经济产出—宏观经济政策的循环过程(姜国华和饶品贵,2011)。因此,个体经济的决策行为必然受到宏观经济的影响,并做出相应的决策。那么外部宏观经济形势的变化,如何影响企业创新行为?

第一,经济周期波动通过影响产品市场而影响创新。产品市场是商品经济运行的载体,通过产品市场企业可以依据市场的需求决定所生产产品的种类、产量,并再次通过产品市场进行销售,将投入的各项成本转化为收益,实现商品生产者、经营者和消费者各自的经济利益。当经济周期处于上升期时,企业外部产品市场需求增大,形成供不应求的卖方市场,为了满足市场需求,企业有动力开发新产品,扩大市场份额,获取更大的收益。另外,在良好的经济形势下企业生产销售运转顺畅,库存积压较少,致使企业营业收入上升,同时在经营杠杆的作用下,企业盈利能力增强(Klein & Marquardt,2006)。经济增长带来的直接营业收入和盈利能力的提升,增加了现金流(苏冬蔚和曾海舰,2009),这为企业研发活动提供了必要的内部资金保障,而内部资金正是创新的主要融资渠道(鞠晓生,2013)。因此,在外部产品市场需求增大和内部资金有效保障的双重作用下,经济增长推动了企业创新。反之,当经济周期处于下降期时,经济形势恶化,企业外部经营环境变差,市场需求不足,出现买方市场,在经营杠杆的作用下,企业经营风险增大,盈利能力降低,资金紧缺,直接影响了企业进行长期创新资金的内部保障,进而抑制企业创新。

第二,经济周期波动通过影响金融市场的资金成本而影响创新。金融市场具有融资、调节、避险和信号的作用,其价格波动不仅反映经济活动的变化,也能够引导资金流动和微观经济主体的行为。当经济周期处于上升期时,一方面企业获利能力提升,违约风险较小,金融机构会相应降低贷款成本,进而降低了企业融资成本;另一方面,金融市场(银行信贷)环境较宽松(Micco & Panizza,2006),给企业提供了更多的信贷资金,缓解了企业的融资约束(解维敏和方红星,2011)。由此可见,在经济繁荣时,企业更容易获得融资(潜力和胡援成,2015),进而缓解了企业创新中融资约束问题(Hall & Lerner,2010;张璇,等,2017),为企业创新提供了必要的外部资金支持,在内外兼修的作用下,经济增长促进了企业创新。反之,当经济周期处于下降期,经济形势恶化,企业经营风险增大,金融市场或银行信贷提高风险溢价,进而融资成本上升,在财务杠杆的作用下,加剧了企业研发投入的融资约束程度,创新资金较难维持,抑制了企业创新。

综上理论分析,经济周期波动通过产品市场和金融市场影响创新资金的供给,故在市场机制作用下,企业创新表现为顺周期性。

创新决策最终体现的是管理者的意志(周铭山,等,2017)。面对外部环境的变化,管理者基于对未来经济形势的预期和自身利益的权衡,来制定战略部署和经营模式。而创新活动作为企业长期发展的战略性决策,必然受到管理层意志的影响。当经济发展形势较好时,产品市场需求旺盛,金融市场资金流动性强,为企业运营提供了优化的经营环境,因此,良好的外部市场环境降低了企业的生存压力,进而影响了管理层配置内部资本的方式。这是因为,一方面创新具有周期长、风险高和不可预测性强等特征(Holmstrom,1989),另一方面管理层具有对安静生活的偏好(Hart,1983)和对创新风险厌恶的偏好(Holmstrom,1999),致使管理层的创新动力不足,管理层可能将资本更多配置在风险小、收益高的非创新领域,进而抑制了创新资本的配置。另外,我国对研发支出的会计处理方式,即研究阶段的费用化处理和开发阶段有条件资本化的处理方式,在一定程度上赋予了管理者更多的自由裁量权。因此,基于中国的现实情况,在经济增长处于上行期时,企业获利能力上升(李远鹏,2009),可支配资源相对充沛,市场投资机会增多,获利相对更加容易,诱使管理者更加关注短期行为(中国企业创新动向指数:创新的环境战略与未来——2017·中国企业家成长与发展专题调查报告),致使管理者将更多资源配置到其他获利能力较强,风险较小的非创新领域,进而挤占了创新资本,对创新产生了抑制作用。

第一,经济快速增长促使企业金融化程度提高,进而挤占了创新资本。近年来快速发展的全球金融化浪潮不但显著改变了企业的宏观运行环境,还深刻地影响了企业的经营决策与投资行为。尤其是处于新兴加转轨时期的中国,近几年工业占 GDP 比重不断下降,但是金融和房地产业所占比重却不断上升,根据国家统计局数据,我国金融业增加值占 GDP 的比重从2008 年的 4% 左右,增加到 2017 年的 7.9%,超过美国、日本等多数发达国家,高房价和过度金融化对实体经济带来较大的负面影响,企业"脱实向虚"现象严重。2017 年中央经济工作会议明确指出,我国经济运行面临的突出矛盾和问题的根源是重大结构性失衡,主要表现为实体经济结构性供需失衡、金融和实体经济失衡、房地产和实体经济失衡。由此可见,实体企业金融化已成为当今经济社会发展中的一个重要现象。

实体企业金融化是指企业利润越来越多地通过金融渠道而不是传统的商品生产制造与贸易渠道获得(Krippner,2005)。实体企业金融化的动机要么是基于逐利性动机(王红建,等,2017;杜勇,等,2017;彭俞超,等,2018;Orhangazi,2008),要么是基于预防性存储动机(Stulz,1996)。在逐利动机驱动下,企业为了获取金融化的超高利润,进行市场套利(王红建,等,2017),对实体投资产生挤出效应(Orhangazi,2008)。在市场套利动机的引导下,一方面企业会将资源更多配置到金融资产领域,尤其对于将内部资金作为主要融资渠道的企业创新活动而言(鞠晓生,2013),直接造成对创新的挤出效应;另一方面金融化促进了企业的短视行为,进而放弃风险高、收益不确定高的创新活动。2017·中国企业家成长与发展专题调查报告显示,市场的短期行为导向成为抑制企业创新的主要因素,而短期行为导向就包括"急功近利和短期行为的文化氛围"。张杰等(2016)以省级面板数据,发现近年来随着我国房地产价格的持续升高以及房地产投资的快速扩张,房地产部门的高额收益率激励了制造业企业将用来创新的资金,转移到高投资收益回报率的房地产行业。同时,也激励了商业银行体系信贷资金向低风险、高收益的房地产部门供给,挤占了制造业研发活动所需的长期资金。我国金融行业,尤其是银行业凭借其垄断地位与利率管制政策,拥有较高的资本回报率,处于转轨时期的中国企业,在产权机制不健全,创新动力不足的先天性缺陷下,急功近利的短期行为诱发企业向高收益领域投资,金融化更成为企业获取高额收益的主要途径之一。

第二,经济快速增长加速了企业规模扩张,进而挤占了创新资本。自1978年改革开放以来,中国经济长期高速增长并不是以提高效率、强调增长质量为基础的,而是通过增加投入和扩大产出规模、强调增长速度来实现的经济增长,更多以粗放型和外延型增长为主,存在"重规模与速度,轻质量与效率"的现象,表现为企业规模的扩张(侯青川,等,2015)。造成该现象的原因,一方面是因为在中国政治锦标赛体制(周黎安,2007)和财政分权制度下,地方政府为了实现GDP增长,通过干预资源配置的方式,改变了经济发展与企业发展之间的关系,导致国有企业过度投资的现象普遍存在(唐雪松,等,2010)。过度投资导致规模的扩张,显然对企业创新活动所需资金造成了"挤出效应",影响企业技术创新活动长期所需资金(Brown et al.,2012)。张杰等(2011)认为因为地方政府追求GDP增长导致要素市场扭曲,进而抑制了R&D活动。另一方面,在转型时期的发展中国家,企业的迎合行为也扭曲了经济增长与创新资本配置的关系。因为在转型时期的发展中国家,政府掌握着更多的资源处置权,企业会更有动力迎合政府行为,并从事寻租活动(Murphy et al.,1993)。因为寻租活动产生的超额收益会吸引更多的社会资源和人才从实体投资领域转移到非生产的寻租活动中去,从而对企业创新活动等实体投资产生转移效应和挤出效应(张杰,等,2011)。资源有限的企业为了发展,会在谋求政治关联和自主创新之间权衡,在政治关联和企业创新之间可能存在相互替代的关系(党力,等,2015)。

因此,经济周期处于上升期时,企业外部获利能力增大,故在市场短视行为导向的影响下,企业可能将更多资源配置在非创新领域,表现为资本逐利性,进而挤占了创新资本,即企业技术创新也可能表现为逆周期性。

综上分析,企业技术创新可能表现为顺周期性,也可能表现为逆周期性。图4-1为经济周期波动对企业技术创新的影响机制。

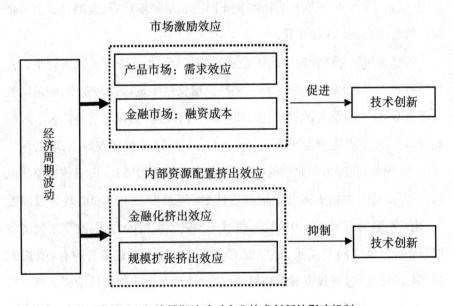

图4-1　经济周期波动对企业技术创新的影响机制

二、实证检验

（一）样本选择与数据来源

本书选取 2007—2021 年所有披露研发投入的沪深 A 股上市公司为研究样本。创新数据以 2007 为起始时间是因为财政部和证监会分别在 2006 年和 2007 年对企业披露研究与开发阶段的研发支出做出具体规定。样本筛选原则如下：剔除未披露研发投入的公司；剔除金融类公司；剔除上市年限不足 1 年的公司；剔除资产负债率小于零和大于 1 的公司；剔除各变量不全的公司。为消除极端值的影响，对连续型变量按 1% 水平进行了 winsorize 处理。最终获得 20 930 个企业年度观测值。研发投入数据来自 Wind 数据库，宏观数据来自 Wind 数据库、国家统计局和国泰安（CSMAR）数据，专利数据、财务数据和公司治理数据来自国泰安数据库。

（二）模型设计

为检验经济周期波动对企业技术创新的影响，参考 Fang et al.（2014）、黎文靖和郑曼妮（2016）设定如下固定效应模型 4-1。

$$Innovation_{it+1} = \alpha_0 + \alpha_1 GDP_t + \alpha_2 Size_{it} + \alpha_3 Age_{it} + \alpha_4 Lev_{it} + \alpha_5 ROA_{it}$$
$$+ \alpha_6 Growth_{it} + \alpha_7 Duality_{it} + \alpha_8 Indpen_{it} + \alpha_9 Inster_{it}$$
$$+ \alpha_{10} Share1_{it} + \alpha_{11} Mngshare_{it} + IndustryFE$$
$$+ ProvinceFE + \varepsilon_{it}$$

$$(4-1)$$

其中，被解释变量为创新变量（Innovation），包括创新投入和创新产出，具体定义见表 4-1。本书将创新变量设为 t+1 期，这是因为已有研究表明，研发投资和专利申请之间的平均滞后期为 1 年（Hausman et al.，1984；Hall et al.，1986），且在创新影响因素的实证研究中被广泛接受（Aghion et al.，2013；Bhattacharya et al.，2017），也有助于降低内生性问题。解释变量为经济周期,采用全国经济增长率和人均经济增长率来表示。$IndustyFE$ 是行业固定效应,$ProvienceFE$ 是省份固定效应,用来捕捉不随时间改变的异质性特征,用以降低遗漏解释变量的可能性。另外,由于 GDP 是时间序列变量,因而模型中未控制时间固定效应。在稳健性检验中,模型中加入年度固定效应,结果未发生改变。

为检验经济周期对企业创新影响的选择效应(产权性质差异和公司治理差异),在模型4-1的基础上加入交互项,模型设计如下:

$$Invotion_{it+1} = \alpha_0 + \alpha_1 \Delta GDP_t + \alpha_2 GDP \times X_{it} + \alpha_3 X_{it} + \alpha_4 Size_{it} + \alpha_5 Age_{it}$$
$$+ \alpha_6 Lev_{it} + \alpha_7 ROA_{it} + \alpha_8 Growth_{it} + \alpha_9 Duality_{it} + \alpha_{10} Indpen_{it}$$
$$+ \alpha_{11} Inster_{it} + \alpha_{12} Share1_{it} + \alpha_{13} Mngshare_{it} + IndustryFE$$
$$+ ProvinceFE + \varepsilon_{it}$$

$$(4-2)$$

采用模型4-2检验选择效应,当检验产权差异时,X 为 SOE,表示企业所有权性质,国有企业为1,非国有企业为0。当检验公司治理差异时,X 为 $Gindex$,表示公司治理水平,高公司治理水平企业为1,低公司治理水平企业为0。

(三)变量定义

1.被解释变量

模型4-1的被解释变量 $Innovation$ 为创新变量,采用创新投入和创新产出表征,具体包括创新投入用企业研发费用占资产比($RDintTA$)表征;创新产出用申请专利总量、发明专利、非发明专利(实用新型专利和外观设计专利之和),并参照 Fang et al. (2014)和黎文靖和郑曼妮(2016)的做法,用企业当年申请专利总量、发明专利申请量、非发明专利申请数加1再取自然对数衡量,实用新型专利申请量和外观设计专利申请量作为非发明专利的策略式创新,将发明专利做实质性创新。

2. 解释变量

本书借鉴国内学者江龙等(2013),侯青川等(2015)等的研究,模型4-1解释变量采用国内生产总值增长率(ΔGDP)和人均GDP增长率($\Delta GDPP$)来衡量宏观经济周期,这两个指标分别从总量和平均量两个角度对宏观经济增长进行描述(马勇和陈雨露,2017)。同时,本书借鉴罗时空和龚六堂(2014),朱奕蒙和徐现祥(2017)的方法,采用H-P滤波法计算ΔGDP和$\Delta GDPP$。H-P滤波法是Hodrick & Prescott(1997)提出的用以消除时间序列趋势的方法,H-P滤波法通常只考虑实际产出这一个指标,方法简便有效,并获得了国内学者的引用和认可(罗时空和龚六堂,2014;马永强,等,2022)。另外,经济景气指数、企业家信心指数作为宏观经济变量的稳健性检验。

3. 调节变量

产权性质变量(SOE),根据公司实际控制权进行划分,如果实际控制权为国有企业,$SOE=1$,否则$SOE=0$。公司治理水平($Gindex$)借鉴白重恩等(2005)和蒋琰(2009)公司治理指数的计算方法,对第一大股东持股比例、第二至第十大股东持股平方和的自然对数、独立董事占比、董事会规模、两职合一、高管持股比例、交叉上市、企业属性等采用因子分析法,计算公司治理指数,指数越大表示公司治理质量越高。本书按其中位数进行分组,大于中位数为高治理水平组,小于中位数为低治理水平组。

4. 控制变量

参考有关创新文献(Tian & Wang,2014;谭劲松,等,2017;潘越,等,2017;温军和冯根福,2018;顾夏铭,等,2018),控制变量包括公司特征变量:企业规模($Size$)、公司年龄(Age)、资产负债率(Lev)、资产收益率(ROA)、成长性($Growth$)。公司治理变量:两职合一($Duality$)、独立董事规模($Indep$)、机构持股($Inster$)、第一大股东持股比例($Share1$)、管理层持股比例

($Mngshare$)等。另外,行业($Industry$)和地区($Province$)层面上的固定效应,行业固定效应依据 CSRC(中国证监会)2012 行业分类标准,并进一步控制制造业的二级细分行业效应,同时采用稳健性标准误。这些处理可以减轻序列相关以及异方差影响,提高检验结果的稳健性。变量定义见表 4-1。

表 4-1 主要变量定义

类别	变量名称	变量符号	变量描述
因变量	创新投入	$RDintTA$	当期研发投入/总资产
	创新产出	ln$apply$	ln(申请专利总数+1)
		ln$iapply$	ln(申请发明专利数+1)
		ln$udapply$	ln(申请实用新型专利数+外观设计+1)
自变量	宏观经济发展	ΔGDP	国内生产总值增长率,并采用 H-P 滤波处理,以衡量宏观经济发展形势的变化
		$\Delta GDPP$	人均国内生产总值增长率,并采用 H-P 滤波处理,以衡量宏观经济发展形势的变化
		$Econo\_index$	企业家信心指数($XXZS$)和企业景气指数($QQZS$),进行 H-P 处理后,做稳健型检验
调节变量	产权性质	SOE	$SOE=1$,国企;$SOE=0$,非国企
	公司治理水平	$Gindex$	对第一大股东持股比例、第二至第十大股东持股平方和的自然对数、独立董事占比、董事会规模、两职合一、高管持股比例、交叉上市、企业属性等指标采用因子分析法计算治理指数,然后按照中位数分组,$Gindex=1$,高公司治理组;$Gindex=0$,低公司治理组

续表4-1

类别	变量名称	变量符号	变量描述
控制变量	企业规模	*Size*	ln(总资产)
	企业上市年限	*Age*	ln(上市时间+1)
	资产负债率	*Lev*	总负债/总资产
	资产收益率	*ROA*	净利润/总资产
	营业收入增长率	*Growth*	(本期营业收入-上期营业收入)/上期营业收入
	两职合一	*Duality*	*Duality*=1,两职合一;*Duality*=0,非两职合一
	独立董事规模	*Indpt*	独立董事人数/董事会人数
	股权集中度	*Share*1	第一大股东持股比例
	机构投资者持股	*Inster*	机构投资者持股数/总股数
	管理层持股	*Mngshare*	管理层持股数/总流通股数
	行业	*Industry*	行业固定效应,制造业控制二级细分行业
	年份	*Year*	年度固定效应
	地区	*Province*	省份固定效应

(四)实证结果与分析

1.描述性统计分析

表4-2为主要变量的描述性统计结果。*RDintTA* 均值为0.021,说明样本平均而言企业研发投入仅占资产的2.1%[①],创新投入相对较小。申请专利数平均为 $e^{0.303}-1$ 个,最大申请数为 $e^{7.288}-1$,约1 462个,存在较大差异。发明申请专利平均为 $e^{0.214}-1$ 个,非发明专利平均为 $e^{0.194}-1$ 个,标准差分别为0.709、0.755,说明专利申请存在较大差异性。全国 GDP 增长率均值为6.7%,说明在样本期间我国经济增长速度已经放缓,其他变量的样本数据分布均在合理范围之内。

[①]　本文以披露研发投入的企业为样本,故样本中 RD 最小值接近0。

表4-2 主要变量描述性统计

变量	样本量	均值	标准差	最小值	中位数	最大值
$RDintTA$	20 930	0.021	0.019	0.000	0.017	0.100
ln$apply$	20 930	0.303	0.933	0.000	0.000	7.288
ln$iapply$	20 930	0.214	0.709	0.000	0.000	6.572
ln$udapply$	20 930	0.194	0.755	0.000	0.000	6.625
ΔGDP	20 930	6.758	1.293	5.548	6.465	11.208
$\Delta GDPP$	20 930	6.348	1.206	5.327	5.928	10.625
SOE	20 930	0.365	0.481	0.000	0.000	1.000
$Gindex$	20 930	0.541	0.498	0.000	1.000	1.000
$Size$	20 930	22.335	1.276	19.918	22.160	26.314
Age	20 930	11.428	6.745	3.000	10.000	31.000
Lev	20 930	0.443	0.199	0.067	0.437	0.907
ROA	20 930	0.017	0.036	-0.139	0.017	0.114
$Growth$	20 930	0.268	0.443	0.000	0.000	1.000
$Duality$	20 930	0.375	0.053	0.333	0.357	0.571
$Indpt$	20 930	0.331	0.142	0.088	0.306	0.728
$Share1$	20 930	6.465	7.043	0.000	4.053	32.447
$Inster$	20 930	0.060	0.121	0.000	0.001	0.555
$Mngshare$	20 930	0.268	0.443	0.000	0.000	1.000

表4-3 为 Person 和 Spearman 相关性检验,从结果可以看出,创新投入($RDintTA$)和创新产出(ln$apply$、ln$iapply$ 和 ln$udapply$)与全国 GDP 和人均 GDP 均显著负相关,初步反映出创新出现逆周期的现象,且相关系数均未超过0.4。因为相关性分析并没有控制其他因素的影响,因此需要通过多元回归分析进一步证实,不过相关性分析可以让我们初步了解各个主要变量之间的关系。另外,为排除共线性问题,本书计算了各变量的 VIF 值,发现均小于5,说明不存在严重的共线性问题。

表4-3　相关性分析

	ΔGDP	ΔGDPP	RDintTA	lnapply	lniapply	lnudapply	Size	Age	Lev	ROA	Growth	Duality	Indpt	Share1	Inster	Mngshare
ΔGDP	1	1.00*	-0.12*	-0.13*	-0.13*	-0.12*	-0.17*	-0.07*	0.15*	0.12*	-0.14*	-0.08*	-0.07*	0.09*	-0.10*	-0.23*
ΔGDPP	0.99*	1	-0.12*	-0.13*	-0.13*	-0.11*	-0.17*	-0.07*	0.15*	0.12*	-0.14*	-0.08*	-0.07*	0.09*	-0.10*	-0.23*
RDintTA	-0.12*	-0.12*	1	0.34*	0.36*	0.26*	-0.20*	-0.23*	-0.28*	0.15*	0.08*	0.12*	0.02*	-0.09*	0.14*	0.27*
lnapply	-0.13*	-0.13*	0.28*	1	0.89*	0.91*	0.36*	0.01	0.10*	0.17*	0.05*	0.00	0.02	0.05*	0.19*	0.09*
lniapply	-0.14*	-0.13*	0.31*	0.90*	1	0.68*	0.34*	0.01	0.07*	0.18*	0.06*	0.01	0.02	0.02	0.22*	0.10*
lnudapply	-0.12*	-0.12*	0.19*	0.91*	0.71*	1	0.33*	0.02	0.12*	0.12*	0.03*	-0.02*	0.02*	0.07*	0.13*	0.05*
Size	-0.15*	-0.14*	-0.17*	0.39*	0.40*	0.38*	1	0.34*	0.46*	0.14*	-0.01	-0.14*	-0.00	0.22*	0.20*	-0.17*
Age	-0.09*	-0.08*	-0.18*	0.01	0.02	0.02	0.30*	1	0.32*	-0.06*	-0.03*	-0.19*	-0.05*	-0.02*	-0.02	-0.47*
Lev	0.14*	0.15*	-0.24*	0.10*	0.09*	0.13*	0.46*	0.30*	1	-0.08*	-0.03*	-0.11*	-0.03*	0.12*	-0.07*	-0.30*
ROA	0.10*	0.10*	0.13*	0.15*	0.16*	0.12*	0.10*	-0.06*	-0.17*	1	0.04*	0.01	-0.04*	0.10*	0.35*	0.10*
Growth	-0.09*	-0.09*	0.03*	-0.03*	-0.01	-0.03*	-0.01	0.02*	0.01	0.05*	1	0.03*	0.04*	-0.04*	0.07*	0.08*
Duality	-0.09*	-0.09*	0.10*	-0.00	0.01	-0.02*	-0.14*	-0.18*	-0.11*	0.02	-0.01	1	0.10*	-0.08*	0.03*	0.33*
Indpt	-0.08*	-0.08*	0.03*	0.03*	0.03*	0.03*	0.03*	-0.05*	-0.03*	-0.03*	0.02*	0.11*	1	0.02*	0.01	0.05*
Share1	0.08*	0.08*	-0.09*	0.06*	0.04*	0.09*	0.27*	-0.02*	0.12*	0.08*	-0.01	-0.09*	0.04*	1	-0.07*	-0.24*
Inster	0.04*	0.04*	0.12*	0.14*	0.17*	0.09*	0.10*	-0.03*	-0.07*	0.29*	0.02*	0.02*	-0.01	-0.10*	1	0.14*
Mngshare	-0.16*	-0.17*	0.18*	0.02*	0.02*	-0.00	-0.20*	-0.39*	-0.25*	0.04*	0.03*	0.46*	0.10*	-0.08*	0.01	1

注：左下部分为 Pearson 检验结果，右上部分为 Spearman 检验结果；＊表示在 5% 的显著性水平下显著（双尾检验）。

2. 回归结果分析

表4-4为经济周期对创新影响的回归结果，Panel A 为全国 GDP 增长率（ΔGDP）的回归结果，Panel B 为人均 GDP 增长率（$\Delta GDPP$）的回归结果。其中，第（1）列为创新投入（$RDintTA$）对经济增长（ΔGDP）的回归结果，第（2）和（4）列为创新产出（$lnapply$、$lniapply$ 和 $lnudapply$）对 ΔGDP 的回归结果。回归结果显示，Panel A 和 Panel B（1）—（4）列 ΔGDP 和 $\Delta GDPP$ 的系数均在1%水平下显著为负，表明经济增长越快，创新投入和创新产出均减少，表现出创新的逆周期性。该结论与邵军和徐康宁（2011）的研究结论相同，他们发现技术进步呈逆周期性，即经济向下波动对技术进步起到促进作用。该结论也与熊彼特在《经济发展理论》中所提出的"破坏式创新"相一致，即创新在破坏的过程中产生，当经济发展处于危机时，旧的生产方式被破坏，新的生产方式开始产生。控制变量中，规模（$Size$）与创新投入显著负相关，与创新产出显著正相关，这说明规模越大的企业，相对而言创新投入强度较低，但是由于规模效应的原因创新产出量更大，该结论与已有文献相同（顾夏铭，等，2017）。上市年限（Age）与专利产出显著负相关，说明上市越久的企业，创新性越差，说明年轻企业的创新动力更强。资产负债率（Lev）与创新投入和发明专利产出显著负相关，这说明负债越多的企业，创新性越差，高负债更容易形成较高的破产风险，抑制企业创新。在公司治理变量中，机构持股（$Inster$）系数显著为正，说明机构持股越多，越有利于企业创新，这是因为机构投资者更加关注企业长期发展，进而促进了企业创新。

表 4-4 经济周期对企业创新影响回归结果

Panle A: ΔGDP				
	（1）	（2）	（3）	（4）
	F. RDintTA	F. lnapply	F. lniapply	F. lnudapply
ΔGDP	−0.002***	−0.115***	−0.105***	−0.119***
	（−9.86）	（−6.83）	（−6.51）	（−7.11）
Size	−0.001***	0.615***	0.596***	0.541***
	（−4.20）	（21.37）	（21.32）	（18.95）
Age	−0.000	−0.008*	−0.008	−0.008
	（−1.44）	（−1.65）	（−1.54）	（−1.55）
Lev	−0.005***	−0.223	−0.276**	−0.008
	（−3.27）	（−1.58）	（−2.10）	（−0.06）
ROA	0.018***	1.618***	1.358***	1.433***
	（8.71）	（8.89）	（8.17）	（7.77）
Growth	−0.000	−0.023	0.012	−0.037*
	（−0.29）	（−0.97）	（0.56）	（−1.66）
Duality	0.000	−0.026	0.010	−0.064
	（0.58）	（−0.49）	（0.18）	（−1.18）
Indpt	0.002	0.310	0.355	0.456
	（0.45）	（0.72）	（0.84）	（1.08）
Share1	0.002	−0.233	−0.397**	−0.022
	（0.97）	（−1.13）	（−2.08）	（−0.11）
Inster	0.019***	1.688***	1.825***	1.108***
	（5.60）	（6.26）	（7.03）	（4.00）
Mngshare	0.003	0.425*	0.237	0.297
	（1.07）	（1.82）	（1.00）	（1.29）
Industry	yes	yes	yes	yes
Province	yes	yes	yes	yes
N	20 930	20 930	20 930	20 930
Adj. R^2	0.303	0.397	0.361	0.398

续表 4-4

Pnael B:$\Delta GDPP$				
	（1）	（2）	（3）	（4）
	F. RDintTA	F. lnapply	F. lniapply	F. lnudapply
$\Delta GDPP$	-0.079 ***	-5.106 ***	-4.658 ***	-5.276 ***
	（-9.30）	（-6.66）	（-6.35）	（-6.87）
Size	-0.001 ***	0.617 ***	0.598 ***	0.544 ***
	（-4.07）	（21.52）	（21.45）	（19.10）
Age	-0.000	-0.008	-0.007	-0.007
	（-1.28）	（-1.56）	（-1.46）	（-1.45）
Lev	-0.006 ***	-0.231	-0.283 **	-0.018
	（-3.43）	（-1.64）	（-2.15）	（-0.13）
ROA	0.018 ***	1.615 ***	1.355 ***	1.429 ***
	（8.63）	（8.85）	（8.13）	（7.73）
Growth	-0.000	-0.022	0.013	-0.036
	（-0.21）	（-0.94）	（0.59）	（-1.62）
Duality	0.000	-0.024	0.011	-0.062
	（0.62）	（-0.46）	（0.20）	（-1.15）
Indpt	0.002	0.319	0.363	0.466
	（0.49）	（0.74）	（0.86）	（1.11）
Share1	0.002	-0.243	-0.406 **	-0.033
	（0.86）	（-1.18）	（-2.13）	（-0.16）
Inster	0.019 ***	1.686 ***	1.823 ***	1.106 ***
	（5.58）	（6.24）	（7.00）	（3.99）
Mngshare	0.004	0.431 *	0.243	0.304
	（1.13）	（1.84）	（1.03）	（1.32）
Industry	yes	yes	yes	yes
Province	yes	yes	yes	yes
N	20 930	20 930	20 930	20 930
Adj. R^2	0.301	0.397	0.360	0.397

注:括号中报告值为 t 值;*、**和***分别表示回归系数在10%、5%和1%的水平下显著,同时对模型进行了聚类稳健性标准误修正,以下类同。

3.机制识别与检验

前文证实创新与经济发展成负相关,即表现为逆周期性,该结论与邵军和徐康宁(2011)及马永强等(2022)的研究结论相同,但是邵军和徐康宁(2011)仅从理论模型上分析了技术进步的逆周期性,并未对其逆周期的内在机制进行论证,马永强等(2022)在机制分析中,更突出了政府研发补贴的作用,并未从企业内部治理角度进行分析。本书认为经济增长致使企业将更多资本配置到非创新领域,推动了企业金融化和规模扩张行为,最终挤占创新资本,导致创新活动的逆周期性。本小节试图进一步为上述发现提供可能的路径分析。

为检验经济周期对创新影响的传导机制,本书借鉴社科研究领域运用的中介效应研究方法,采用 Baron & Kenny(1986)、温忠麟和叶宝娟(2014)所使用的逐步法和非参数百分位 Bootstrap 法对中介效应进行验证。Bootstrap 法是一种从样本中重复取样的方法,因为该方法不要求正态假设,是利用样本所推导的经验分布代替总体分布,且用 Bootstrap 法计算系数乘积的置信区间更精确,有更高的检验力(温忠麟和叶宝娟,2014),故此方法在中介效应检验中更为稳健。但是,温忠麟和叶宝娟(2014)认为逐步检验法比较不容易检验到中介效应显著,但如果用逐步检验已经得到显著的结果,那么,逐步检验法的结果甚至好过 Bootstrap 法的结果。因此,本书先用逐步回归法进行中介效应检验,当不满足逐步回归条件后,使用 Bootstrap 法进行检验。

模型 4-3 和模型 4-4 为检验中介效应模型,中介作用成立需要满足以下条件:①需要满足 α_1 在统计上显著(α_1 为模型 4-1 中 GDP 的系数估计值),否则中介效应不显著。②在 β_1 和 φ_2 都显著的情况下,若 φ_1 显著,且满足对创新影响变小,则存在部分中介效应;若不显著则表示存在完全中介效应;③若 β_1 和 φ_2 至少有一个不显著,则需要通过 Bootstrap 检验判断中介效应($\beta_1 \times \varphi_2$)的显著性。

结合本书,具体检验程序如下:首先,检验经济增长对创新的影响,观察其回归系数是否达到显著水平[①];其次,检验经济增长对中介变量(金融化、规模扩张)的回归系数,即模型4-3中的β_1是否显著;最后,同时检验经济增长、中介变量(金融化、规模扩张)对创新的影响,观察模型4-4中的回归系数φ_1和φ_2是否显著。

模型4-3和4-4的中介效应:

$$Med_{it} = \beta_0 + \beta_1 GDP_t + \beta_2 Size_{it} + \beta_3 Age_{it} + \beta_4 Lev_{it} + \beta_5 ROA_{it}$$
$$+ \beta_6 Growth_{it} + \beta_7 Dual_{it} + \beta_8 Indpen_{it} + \beta_9 INS_{it} + \beta_{10} Share1_{it}$$
$$+ \beta_{11} Excuhldr_{it} + YearFE + IndustryFE + ProvinceFE + \varepsilon_{it}$$

$$(4-3)$$

$$Innovation_{it+1} = \varphi_0 + \varphi_1 GDP_t + \varphi_2 Med_{it} + \varphi_3 Size_{it} + \varphi_4 Age_{it} + \varphi_5 Lev_{it}$$
$$+ \varphi_6 ROA_{it} + \varphi_7 Growth_{it} + \varphi_8 Dual_{it} + \varphi_9 Indpen_{it} + \varphi_{10} INS_{it}$$
$$+ \varphi_{11} Share1_{it} + \varphi_{12} Excuhldr_{it} + YearFE + IndustryFE$$
$$+ ProvinceFE + \varepsilon_{it}$$

$$(4-4)$$

中介变量(Med)包括金融化程度(Fin)和固定资产规模(PPE)用以检验经济增长对创新投入的内部挤出效应。金融化程度借鉴刘珺等(2014)和彭俞超等(2018)的方法,将交易性金融资产、可供出售金融资产、持有至到期投资、投资性房地产和衍生金融资产等五个科目划分为金融资产,并除以总资产。固定资产规模采用固定资产和在建工程本期增加之和与营业收入占比表征规模扩张。

表4-5为金融化程度中介效应检验,其中第(1)列为中介效应检验的第二步,即金融化程度(Fin)对ΔGDP的回归,第(2)—(5)列为中介效应检验

---

① 该步骤回归结果已经在文中证实,本小节主要用于检验第二步和第三步。

的第三步,即加入中介变量 Fin 后,创新对 ΔGDP 的回归。结果显示,第(1)列金融化程度对经济增长的回归中,经济增长系数为 0.010,且在 1% 水平上显著正相关。这说明经济增长快,企业金融化程度越大,经济增长助推了企业金融化程度。第(2)—(5)列金融化程度(Fin)与创新的回归系数均在 10% 的显著性水平上显著负相关。说明金融化程度在经济增长和研发投入之间起到部分中介效应作用,即存在金融化中介效应。按照温忠麟和叶宝娟(2014)计算中介效应量为 $\beta_1 \times \varphi_2 / \alpha_1$,即金融化程度对创新的中介效应程度为 0.035、0.020、0.013、0.018,说明经济发展越好,受到高额收益率的吸引,企业将更多资源配置在金融资产上,进而对创新产生了挤出效应,抑制了创新发展。

表 4-5 金融化程度中介效应检验

	(1)	(2)	(3)	(4)	(5)
	Fin	$F.\,RDintTA$	$F.\,lnapply$	$F.\,lniapply$	$F.\,lnudapply$
Fin		−0.007***	−0.226***	−0.133*	−0.216***
		(−9.37)	(−2.79)	(−1.74)	(−2.74)
ΔGDP	0.010**	−0.002***	−0.112***	−0.103***	−0.117***
	(2.34)	(−9.52)	(−6.70)	(−6.40)	(−6.99)
$Size$	0.024***	−0.001***	0.621***	0.600***	0.547***
	(3.49)	(−3.73)	(21.61)	(21.38)	(19.16)
Age	0.009***	−0.000	−0.006	−0.006	−0.006
	(6.67)	(−0.44)	(−1.25)	(−1.29)	(−1.15)
Lev	−0.344***	−0.008***	−0.301**	−0.322**	−0.083
	(−7.20)	(−4.60)	(−2.11)	(−2.42)	(−0.58)
ROA	−0.205***	0.017***	1.572***	1.330***	1.389***
	(−5.43)	(8.19)	(8.66)	(8.03)	(7.53)

续表 4-5

	(1)	(2)	(3)	(4)	(5)
	Fin	*F. RDintTA*	*F. lnapply*	*F. lniapply*	*F. lnudapply*
Growth	0.006	−0.000	−0.021	0.013	−0.035
	(1.17)	(−0.10)	(−0.91)	(0.60)	(−1.60)
Duality	−0.002	0.000	−0.026	0.009	−0.064
	(−0.17)	(0.57)	(−0.49)	(0.17)	(−1.18)
Indpt	0.138	0.003	0.341	0.373	0.486
	(1.51)	(0.65)	(0.79)	(0.88)	(1.15)
*Share*1	−0.170***	0.001	−0.271	−0.420**	−0.059
	(−3.49)	(0.40)	(−1.31)	(−2.18)	(−0.29)
Inster	−0.120*	0.018***	1.660***	1.809***	1.082***
	(−1.68)	(5.44)	(6.07)	(6.89)	(3.86)
Mngshare	−0.009	0.003	0.422*	0.236	0.294
	(−0.28)	(1.06)	(1.81)	(1.00)	(1.27)
Industry	yes	yes	yes	yes	yes
Province	yes	yes	yes	yes	yes
N	20 930	20 930	20 930	20 930	20 930
Adj. R²	0.156	0.315	0.399	0.361	0.399

表 4-6 为规模扩张中介效应检验,其中第(1)列为中介效应检验的第二步,即规模扩展(PPE)对 ΔGDP 的回归,第(2)—(5)列为中介效应检验的第三步,即加入中介变量 PPE 后,创新对 ΔGDP 的回归。结果显示,第(1)列 ΔGDP 系数为 0.006,且在 1% 水平上显著正相关。这说明经济增长越好,企业规模扩张程度越大,经济增长助推了企业规模扩张。这一结论与侯青川等(2015)研究发现相一致,即无论国企还是非国企在规模扩张上都受到经

济增长带来的正向影响。第(2)—(5)列结果显示,PPE 系数估计值均未通过显著性检验。因此,根据温忠麟和叶宝娟(2014),继续对(2)—(5)列采用 Bootstrap 法进行检验,检验结果显示,间接效应 Sobel 统计量 Z 值分别为 -5.186、3.264、3.702 和 2.11,通过 Sobel 检验,即规模扩张中介效应成立。这说明经济增长带来的规模扩张也对企业创新产生挤出效应。

表 4-6 规模扩张中介效应检验

	(1)	(2)	(3)	(4)	(5)
	PPE	$F.RDintTA$	$F.lnapply$	$F.lniapply$	$F.lnudapply$
PPE		-0.003	-0.169	-0.060	-0.232
		(-1.30)	(-0.79)	(-0.28)	(-1.08)
ΔGDP	0.006^{***}	-0.002^{***}	-0.114^{***}	-0.104^{***}	-0.118^{***}
	(6.28)	(-9.62)	(-6.69)	(-6.43)	(-6.95)
$Size$	0.010^{***}	-0.001^{***}	0.617^{***}	0.597^{***}	0.544^{***}
	(7.21)	(-4.05)	(21.37)	(21.28)	(18.97)
Age	-0.002^{***}	-0.000	-0.009^{*}	-0.008	-0.008^{*}
	(-9.17)	(-1.56)	(-1.73)	(-1.58)	(-1.66)
Lev	0.035^{***}	-0.005^{***}	-0.217	-0.274^{**}	-0.000
	(4.56)	(-3.20)	(-1.54)	(-2.08)	(-0.00)
ROA	-0.012	0.018^{***}	1.616^{***}	1.357^{***}	1.430^{***}
	(-1.17)	(8.69)	(8.88)	(8.17)	(7.75)
$Growth$	-0.003^{**}	-0.000	-0.023	0.012	-0.037^{*}
	(-2.49)	(-0.33)	(-1.00)	(0.55)	(-1.69)
$Duality$	0.003	0.000	-0.025	0.010	-0.063
	(0.97)	(0.59)	(-0.48)	(0.18)	(-1.17)

续表 4-6

	(1) PPE	(2) F. RDintTA	(3) F. lnapply	(4) F. lniapply	(5) F. lnudapply
Indpt	−0.032	0.002	0.304	0.353	0.448
	(−1.42)	(0.43)	(0.71)	(0.83)	(1.06)
Share1	−0.007	0.002	−0.234	−0.397**	−0.023
	(−0.70)	(0.95)	(−1.14)	(−2.08)	(−0.12)
Inster	0.011	0.019***	1.689***	1.825***	1.111***
	(0.79)	(5.61)	(6.27)	(7.03)	(4.01)
Mngshare	0.019	0.003	0.428*	0.239	0.301
	(1.54)	(1.09)	(1.83)	(1.01)	(1.30)
Industry	yes	yes	yes	yes	yes
Province	yes	yes	yes	yes	yes
N	20 930	20 930	20 930	20 930	20 930
Adj. R^2	0.125	0.303	0.397	0.361	0.398
Sobel Z		−5.186	3.264	3.702	2.11

　　上述中介效应检验证实了企业创新的逆周期性,主要由金融化程度和固定资产规模扩张两种挤出效用发挥作用,表 4-7 为中介效应检验结果说明。

表4-7　中介效应检验结果说明及推断

检验步骤	创新	
	中介变量	
	金融化程度	固定资产规模扩张
①自变量 GDP 对创新的总效应 α_1	α_1 分别为 -0.002^{***}、-0.115^{***}、-0.105^{***}、-0.119^{***}，可能存在中介效应	α_1 分别为 -0.002^{***}、-0.115^{***}、-0.105^{***}、-0.119^{***}，可能存在中介效应
②自变量 GDP 对中介变量 M 的效应 β_1，中介变量对因变量的效应 φ_2	β_1 为 0.010^{**}，φ_2 分别为 -0.007^{***}、-0.226^{***}、-0.133^{*} 和 -0.216^{***}，β_1 与 φ_2 均显著，说明 GDP 影响创新的路径中，Fin 间接效应显著	$\beta_1 = 0.006^{***}$，φ_2 分别为 -0.003、-0.169、-0.060 和 -0.232，φ_2 不显著，说明需要进行 Bootstrap 法进行检验
③控制中介变量后，自变量对因变量的直接效应 φ_1	φ_1 分别为 -0.002^{***}、-0.112^{***}、-0.103^{***}、-0.117^{***}，直接效应显著，可能存在其他中介效应	跳过
④检验 $\beta_1 \times \varphi_2$ 与 α_1 是否同号，进行中介效应判断	$\beta_1 \times \varphi_2$ 与 α_1 同号，说明存在部分中介效应，中介效应程度 $\beta_1 \times \varphi_2/\alpha_1$ 分别为 0.035、0.020、0.013、0.018	跳过
⑤若 β_1 和 φ_2 至少一个不显著，用 Bootstrap 检验	无	Solbel Z 分别为 -5.186、3.264、3.702 和 2.11，虽然 Z 值显著，通过 Sobel 检验，PPE 存在中介效应。

第三节 经济周期波动对企业技术创新影响的选择效应

经济周期波动变化是一种系统性风险,但是不同约束条件下经济周期波动对企业创新的影响存在差异性,Fagerberg et al.(2005)认为在外部环境相同的情况下,规模和市场影响力等方面相似的企业的创新表现却不同,而这些差异只能从企业内部解释。本小节从企业性质和公司治理程度进行差异性分析。

一、产权性质的差异性

处于转轨经济时期的中国,正经历由计划经济向市场经济的转变,长期以来,国有企业作为中国经济发展的主要支柱,与政府的天然联系,决定了国有企业与民营企业所追求企业目标不同(李维安,等,2010),进而导致创新方面的差异。

在创新动力方面,国有企业一方面由于存在薪酬管制的规定,导致内部人的显性货币激励不足(罗党论,等,2012),国有企业管理层有动机将资本更多配置到收益高、周期短、风险低的非创新领域,以弥补显性货币较低的目的。另一方面,国企管理层具有晋升动机,在以业绩考核为标准的晋升激励下,国企高管更注重短期业绩,降低研发投入(周铭山和张倩倩,2016)。这在很大程度上导致国有企业创新动力不足,创新力度不强。而对于非国有企业而言,激烈的经理人市场对经理人行为起到较强的约束作用,致使经理人更加注重企业长期发展战略目标的制定和有效实施,推动企业创新。

在政府干预方面,国有企业除了追求利润最大化的目标之外,还承担着其他的社会责任目标,如发展地方经济、增加就业和维护社会稳定,具有为其他性质经济提供稳定器的作用(林毅夫,等,2004)。在转轨时期的中国,政府代理问题会导致地方政府在经济发展过程中选择粗放型经济增长方式,片面追求经济增长的速度和规模(侯青川,等,2015),致使国有企业通常并不以企业利益最大化为目标,而更加注重扩大规模和增加产量,进而满足提升 GDP 和业绩要求(Zhang et al.,2003)。唐雪松等(2010)研究发现地方政府为了实现当地 GDP 增长,导致了地方国企出现过度投资的现象。

综上分析,由于国有企业长期处于体制内的运行模式,在内部创新动力不足,外部政府干预的情况下,国有企业总体创新性不强,故相对于非国有企业,国有企业技术创新逆周期性更显著。

二、公司治理特征的差异性

公司治理作为现代企业制度的核心,对降低管理层与股东的代理冲突,降低代理成本,提升企业价值起到了重要的作用,也是企业技术创新的制度基础(Belloc,2012)。Fagerberg et al.(2005)认为在外部环境相同的情况下,规模和市场影响力等方面相似的企业的创新表现却不同,而这些差异只能从企业内部解释。因此,公司治理机制的差异是企业导致创新能力不同的重要因素。良好的公司治理机制降低代理成本,激励管理层创新积极性,使其不仅关注企业短期目标,也更加关注企业长期发展目标,提升企业内部资源的配置效率,构建企业创新长效机制(鲁桐和党印,2014)。经营者持股、股权集中度、国有持股比例、机构投资者、独立董事等公司治理制度均对企业技术创新产生不同程度的影响(冯根福和温军,2008)。完善的公司治理机制能够有效降低代理成本,提升企业创新水平。故相对于低公司治理水平企业,高公司治理水平企业技术创新顺周期性更显著。

三、实证检验与分析

表 4-8 为不同产权性质下的检验结果,其中 Panel A 为全国 GDP 增长率(ΔGDP)的回归结果,Panel B 为人均 GDP 增长率($\Delta GDPP$)的回归结果。

从表 4-8 Panel A 和 Panel B 中可以看出,$SOE * \Delta GDP$ 和 $SOE * \Delta GDPP$ 的交乘项系数均在 1%水平上显著为负,说明相对于非国有企业,经济增长与创新的负相关性在国有企业中更强,即创新的逆周期性在国有企业中更加显著。这说明了国有企业并非以提升企业长期竞争力和增加企业未来收益为最终目的,由于其具有多重目标的属性,使其在经济发展繁荣时期,更加注重短期利益,或出于迎合政府提升 GDP 的目的而进行规模扩张、过度投资,或出于管理层利己主义动机,进行更多在职消费以满足其显性薪酬不足的目的,将更多资本配置到非创新领域,进而挤占了创新资本。SOE 系数在 1%水平下显著为正,说明国有企业依然是我国创新大户,在创新投入和创新产出方面均显著高于非国有企业。其他控制变量显著性与既有文献相同。

表 4-8 产权性质、经济周期与技术创新

Panel A:ΔGDP				
	(1)	(2)	(3)	(4)
	F. RDintTA	F. lnapply	F. lniapply	F. lnudapply
SOE	0.014***	1.385***	1.341***	1.015***
	(5.23)	(5.85)	(5.85)	(4.33)
SOE * ΔGDP	−0.002***	−0.152***	−0.140***	−0.116***
	(−4.84)	(−5.38)	(−5.17)	(−4.08)
ΔGDP	−0.001***	−0.047**	−0.048**	−0.064***
	(−3.71)	(−2.16)	(−2.25)	(−2.82)
Size	−0.001***	0.610***	0.589***	0.539***
	(−4.18)	(21.07)	(20.85)	(18.77)
Age	−0.000**	−0.015***	−0.015***	−0.012**
	(−2.20)	(−2.75)	(−2.94)	(−2.17)

续表 4-8

Panel A: ΔGDP				
	(1)	(2)	(3)	(4)
	F. RDintTA	F. lnapply	F. lniapply	F. lnudapply
Lev	−0.006***	−0.256*	−0.315**	−0.027
	(−3.45)	(−1.82)	(−2.40)	(−0.19)
ROA	0.018***	1.675***	1.431***	1.462***
	(8.75)	(9.32)	(8.71)	(8.01)
Growth	−0.000	−0.022	0.013	−0.036
	(−0.25)	(−0.94)	(0.60)	(−1.63)
Duality	0.001	−0.005	0.035	−0.052
	(0.83)	(−0.10)	(0.64)	(−0.96)
Indpt	0.002	0.328	0.381	0.463
	(0.48)	(0.76)	(0.90)	(1.10)
Share1	0.001	−0.333	−0.531***	−0.071
	(0.57)	(−1.61)	(−2.74)	(−0.35)
Inster	0.019***	1.686***	1.832***	1.101***
	(5.64)	(6.27)	(7.11)	(3.96)
Mngshare	0.004	0.513**	0.342	0.349
	(1.32)	(2.19)	(1.45)	(1.51)
Industry	yes	yes	yes	yes
Province	yes	yes	yes	yes
N	20 930	20 930	20 930	20 930
Adj. R^2	0.307	0.402	0.366	0.400

续表 4-8

	(1)	(2)	(3)	(4)
	F. RDintTA	F. lnapply	F. lniapply	F. lnudapply
SOE	0.009***	0.872***	0.862***	0.627***
	(5.28)	(5.70)	(5.79)	(4.18)
SOE * ΔGDPP	−0.074***	−6.737***	−6.161***	−5.196***
	(−5.01)	(−5.17)	(−4.94)	(−3.97)
ΔGDPP	−0.045***	−2.239**	−2.279**	−2.894***
	(−3.38)	(−2.25)	(−2.36)	(−2.81)
Size	−0.001***	0.612***	0.591***	0.541***
	(−4.06)	(21.22)	(20.98)	(18.92)
Age	−0.000**	−0.014***	−0.015***	−0.011**
	(−2.08)	(−2.68)	(−2.88)	(−2.09)
Lev	−0.006***	−0.259*	−0.317**	−0.033
	(−3.57)	(−1.84)	(−2.41)	(−0.23)
ROA	0.018***	1.677***	1.434***	1.461***
	(8.67)	(9.30)	(8.69)	(7.99)
Growth	−0.000	−0.021	0.014	−0.035
	(−0.17)	(−0.92)	(0.62)	(−1.60)
Duality	0.001	−0.005	0.035	−0.052
	(0.85)	(−0.10)	(0.64)	(−0.96)
Indpt	0.002	0.341	0.393	0.476
	(0.53)	(0.79)	(0.93)	(1.13)
Share1	0.001	−0.343*	−0.539***	−0.080
	(0.49)	(−1.65)	(−2.79)	(−0.39)

Panle B:ΔGDPP

续表 4-8

Panle B: $\Delta GDPP$				
	(1)	(2)	(3)	(4)
	F. RDintTA	F. lnapply	F. lniapply	F. lnudapply
Inster	0.019***	1.686***	1.832***	1.100***
	(5.61)	(6.26)	(7.09)	(3.95)
Mngshare	0.004	0.516**	0.344	0.354
	(1.37)	(2.20)	(1.46)	(1.53)
Industry	yes	yes	yes	yes
Province	yes	yes	yes	yes
N	20 930	20 930	20 930	20 930
Adj. R^2	0.304	0.401	0.365	0.399

表 4-9 为不同公司治理结构下的检验结果,其中 Panel A 为全国 GDP 增长率(ΔGDP)的回归结果,Panel B 为人均 GDP 增长率($\Delta GDPP$)的回归结果。从表 4-9 Panel A 和 Panel B 中可以看出,公司治理哑变量 Gindex 与 ΔGDP 和 $\Delta GDPP$ 的交乘项系数均在 1% 水平上显著为正,说明相对于低公司治理水平企业,高公司治理水平企业经济增长越快,企业创新性越强。这说明公司治理水平可以缓解创新的逆周期性。因为在外界环境相同的情况下,企业要在市场竞争中生存,更多取决于企业自身制度设计的优劣。良好的公司治理机制可以有效降低代理成本,避免管理层的短视行为,将企业短期目标和长期目标有效结合,提升企业价值。

表4-9　公司治理、经济周期波动与技术创新

Panel A: ΔGDP				
	（1）	（2）	（3）	（4）
	F. RDintTA	F. lnapply	F. lniapply	F. lnudapply
Gindex	−0.013***	−1.124***	−1.170***	−0.856***
	（−5.14）	（−4.81）	（−5.34）	（−3.70）
Gindex * ΔGDP	0.002***	0.120***	0.117***	0.095***
	（4.92）	（4.25）	（4.46）	（3.35）
ΔGDP	−0.002***	−0.171***	−0.164***	−0.162***
	（−11.54）	（−8.10）	（−8.25）	（−7.80）
Size	−0.001***	0.612***	0.591***	0.540***
	（−4.20）	（21.18）	（21.00）	（18.84）
Age	−0.000**	−0.014**	−0.014***	−0.011**
	（−2.06）	（−2.56）	（−2.82）	（−2.13）
Lev	−0.006***	−0.253*	−0.314**	−0.027
	（−3.43）	（−1.79）	（−2.40）	（−0.20）
ROA	0.018***	1.639***	1.392***	1.443***
	（8.75）	（9.07）	（8.44）	（7.88）
Growth	−0.000	−0.023	0.012	−0.037*
	（−0.29）	（−0.97）	（0.55）	（−1.65）
Duality	0.001	0.025	0.082	−0.034
	（0.98）	（0.44）	（1.42）	（−0.60）
Indpt	0.004	0.629	0.796*	0.651
	（0.90）	（1.40）	（1.81）	（1.48）

续表 4-9

Panel A: ΔGDP				
	(1)	(2)	(3)	(4)
	F. RDintTA	*F. lnapply*	*F. lniapply*	*F. lnudapply*
*Share*1	0.001	−0.413*	−0.650***	−0.131
	(0.36)	(−1.90)	(−3.24)	(−0.61)
Inster	0.019***	1.682***	1.831***	1.098***
	(5.55)	(6.21)	(7.06)	(3.94)
Mngshare	0.004	0.522**	0.358	0.363
	(1.36)	(2.23)	(1.52)	(1.57)
Industry	*yes*	*yes*	*yes*	*yes*
Province	*yes*	*yes*	*yes*	*yes*
N	20 930	20 930	20 930	20 930
Adj. R^2	0.310	0.404	0.370	0.403

Panel B: $\Delta GDPP$				
	(1)	(2)	(3)	(4)
	F. RDintTA	*F. lnapply*	*F. lniapply*	*F. lnudapply*
Gindex	−0.009***	−0.721***	−0.775***	−0.543***
	(−5.21)	(−4.83)	(−5.47)	(−3.69)
Gindex ∗ $\Delta GDPP$	0.074***	5.323***	5.166***	4.274***
	(5.13)	(4.10)	(4.27)	(3.28)
$\Delta GDPP$	−0.111***	−7.720***	−7.408***	−7.273***
	(−11.08)	(−7.92)	(−8.06)	(−7.57)
Size	−0.001***	0.614***	0.592***	0.542***
	(−4.08)	(21.31)	(21.11)	(18.98)

续表 4-9

Panel B: $\Delta GDPP$				
	(1)	(2)	(3)	(4)
	F. RDintTA	F. lnapply	F. lniapply	F. lnudapply
Age	−0.000*	−0.013**	−0.014***	−0.011**
	(−1.91)	(−2.48)	(−2.73)	(−2.03)
Lev	−0.006***	−0.256*	−0.317**	−0.034
	(−3.56)	(−1.82)	(−2.42)	(−0.24)
ROA	0.018***	1.640***	1.394***	1.442***
	(8.68)	(9.06)	(8.43)	(7.85)
Growth	−0.000	−0.022	0.013	−0.036
	(−0.22)	(−0.95)	(0.57)	(−1.62)
Duality	0.001	0.025	0.082	−0.034
	(0.98)	(0.45)	(1.43)	(−0.60)
Indpt	0.004	0.636	0.803*	0.658
	(0.92)	(1.42)	(1.82)	(1.50)
Share1	0.001	−0.421*	−0.657***	−0.138
	(0.29)	(−1.93)	(−3.27)	(−0.65)
Inster	0.019***	1.683***	1.833***	1.098***
	(5.53)	(6.20)	(7.06)	(3.93)
Mngshare	0.005	0.527**	0.362	0.370
	(1.43)	(2.25)	(1.53)	(1.60)
Industry	yes	yes	yes	yes
Province	yes	yes	yes	yes
N	20 930	20 930	20 930	20 930
Adj. R^2	0.304	0.400	0.365	0.399

第四节 经济周期波动对企业创新成长性的影响

企业创新是一个长期过程,只有持续创新才能够真正提升企业未来竞争力,为了进一步研究经济增长对创新可持续的影响,本书采用固定效应模型,设计如下:

$$\Delta Innovation_{it+1} = \alpha_0 + \alpha_1 \Delta GDP_t + \alpha_2 Control + IndustryFE + ProvinceFE + \varepsilon_{it}$$

$$(4-5)$$

其中,被解释变量企业技术创新的可持续性($\Delta Innovation$),用创新投入和创新产出的增长率表示,创新投入增长率(ΔRD)为 ln(本期研发投入/上期研发投入),创新产出增长率分别用申请专利总数($\Delta apply$)、发明专利($\Delta iapply$)、授权专利总数($\Delta Grant$)和授权发明专利($\Delta iGrant$)的增长率表示,即 ln(本期专利/上期专利)。本书采用增长率表示创新可持续性,这是因为增长率更能有效地反应创新变化趋势,体现为创新可持续性。国内学者王义中和宋敏(2014)、侯青川等(2015)和彭俞超等(2018)采用增长率表示变化趋势。其他变量定义同前文。

表4-10 为回归结果。结果显示,第(1)—(5)列 ΔGDP 系数均在1% 水平上显著为正,说明经济发展越好,创新投入和创新产出增长越快,即创新可持续性越好。该结论证实了经济发展越好越有助于企业长期创新可持续发展,这是因为良好的经济发展形势,促进了产品需求市场的繁荣,金融市场的融资便利,给创新可持续提供了稳定的资金支持。虽然创新短期表现为逆周期性,但是从可持续性发展来看,经济增长推动了创新的长期发展。

表4-10　经济周期波动与创新可持续性

	(1)	(2)	(3)	(4)	(5)
	F. ΔRD	F. Δapply	F. Δiapply	F. ΔGrant	F. ΔiGrant
ΔGDP	0.044***	0.035***	0.030***	0.043***	0.034***
	(7.62)	(5.39)	(4.08)	(6.77)	(4.34)
Size	−0.005	0.001	−0.011	0.009	0.024***
	(−0.83)	(0.19)	(−1.28)	(1.21)	(2.90)
Age	0.001	−0.002	−0.002	−0.001	−0.002
	(1.25)	(−1.18)	(−1.00)	(−0.81)	(−1.05)
Lev	0.027	0.078	0.108**	0.075*	−0.013
	(0.68)	(1.58)	(2.03)	(1.65)	(−0.25)
ROA	0.287***	0.402***	0.432***	0.431***	0.441***
	(3.22)	(3.61)	(4.03)	(4.45)	(4.16)
Growth	0.031***	−0.001	−0.005	−0.003	−0.004
	(2.97)	(−0.11)	(−0.42)	(−0.24)	(−0.28)
Duality	0.015	−0.035*	−0.032	−0.021	−0.003
	(0.97)	(−1.77)	(−1.46)	(−1.07)	(−0.13)
Indpt	0.076	−0.114	−0.249	0.153	0.255
	(0.73)	(−0.75)	(−1.55)	(1.08)	(1.57)
Share1	−0.094**	−0.040	−0.031	0.014	0.066
	(−2.26)	(−0.77)	(−0.54)	(0.27)	(1.16)
Inster	0.436***	0.198*	0.269**	0.123	0.196
	(5.21)	(1.76)	(2.25)	(1.16)	(1.54)
Mngshare	−0.016	0.195**	0.228**	0.089	0.141
	(−0.32)	(2.50)	(2.57)	(1.08)	(1.63)
Industry	yes	yes	yes	yes	yes
Province	yes	yes	yes	yes	yes
N	17 809	17 809	17 809	17 809	17 809
Adj. R^2	0.018	0.005	0.007	0.008	0.013

第五节　经济周期波动对企业创新投入产出率的影响

前文证实创新具有逆周期性，即经济增长越快，创新投入和产出越少，那么企业是否提升了创新产出效率？对创新投入产出率的检验有助于更好地理解在宏观经济变动下，企业创新能力的重要性。借鉴周铭山和张倩倩（2016）方法，模型设计如下：

$$\ln Patent_{it+1} = \alpha_0 + \alpha_1 GDP_t + \alpha_2 RDintTA_{it} + \alpha_3 GDP_t \times RD_{it} + \alpha_4 Size_{it}$$
$$+ \alpha_5 Age_{it} + \alpha_6 Lev_{it} + \alpha_7 ROA_{it} + \alpha_8 Growth_{it} + \alpha_9 Dual_{it}$$
$$+ \alpha_{10} Indpen_{it} + \alpha_{11} INS_{it} + \alpha_{12} Share1_{it} + \alpha_{13} Excuhldr_{it}$$
$$+ IndustryFE + ProvineceFE + \varepsilon_{it}$$

$$(4-6)$$

其中，模型4-6被解释变量分别采用申请专利总量（apply）、申请发明专利数（iapply）、非发明专利（实用新型专利数和外观设计专利数之和，udapply）加1取自然对数。解释变量分别为经济增长率（ΔGDP）、研发投入强度（RDintTA），重点关注经济增长与研发投入强度的交互项系数 α_3，控制变量同前文。创新产出指标均采取 $t+1$ 期。

表4-11为经济增长与创新投入产出效率回归结果。回归结果显示，除非发明专利不显著外，申请专利总量、发明专利中经济增长与创新投入强度的交互项系数均在10%水平上显著为负，这说明总体上，经济增长并未提升创新投入产出率或创新绩效。通过对创新投入产出率的检验，说明公司层面金融化的挤出效应对在经济增长与研发产出水平之间产生了消极作用，即降低了研发投入，也对创新投入产出水平产生了消极作用。

表4-11 经济周期波动与创新投入产出率

	(1)	(2)	(3)
	F. lnapply	*F. lniapply*	*F. lnudapply*
RDintTA	29.489***	37.618***	17.488**
	(4.28)	(5.43)	(2.40)
*RDintTA * ∆GDP*	−0.859*	−1.555*	−0.444
	(−1.93)	(−1.82)	(−0.49)
∆GDP	−0.046**	−0.020	−0.078***
	(−2.20)	(−1.04)	(−3.80)
Size	0.655***	0.641***	0.567***
	(23.75)	(24.02)	(19.97)
Age	−0.005	−0.004	−0.006
	(−1.03)	(−0.90)	(−1.16)
Lev	−0.131	−0.171	0.040
	(−0.95)	(−1.35)	(0.28)
ROA	1.218***	0.901***	1.202***
	(6.59)	(5.45)	(6.33)
Growth	−0.017	0.020	−0.036
	(−0.74)	(0.95)	(−1.59)
Duality	−0.032	0.007	−0.074
	(−0.64)	(0.14)	(−1.36)
Indpt	0.349	0.416	0.503
	(0.82)	(1.00)	(1.19)
Share1	−0.331	−0.493***	−0.095
	(−1.63)	(−2.64)	(−0.47)
Inster	1.305***	1.420***	0.881***
	(4.76)	(5.43)	(3.08)
Mngshare	0.382*	0.149	0.303
	(1.71)	(0.68)	(1.32)
Industry	yes	yes	yes
Province	yes	yes	yes
N	17 809	17 809	17 809
Adj. R²	0.435	0.415	0.413

第六节　经济周期波动对企业创新的边际效应分析

上文模型 4-1、4-2、4-3 和 4-4 采用的是固定效应 OLS 进行估计,其结果反映的只是各种解释变量对于企业创新的条件分布的均值影响,至于这些解释变量对创新的条件分布的不同分位点(quantiles)的影响则不清楚。也就是说,创新投入和产出有可能存在变动,而不同因素对于企业在这两种状态时的影响有可能是不同的。因此,需要研究各种因素对创新投入和产出整个条件分布的影响。

本章采用 Koenker & Bassett(1978)提出的分位数回归(Quantile Regression)模型,对创新投入和产出进行回归,以区分宏观经济发展对企业创新投入和产出在不同分布水平下的调整。分位数回归是一种基于被解释变量 Y 的条件分布来拟合自变量 X 的线性函数的回归方法,由分位数回归得到的估计系数表示为解释变量对被解释变量在特定分位点的边际效应。另外,因为分位数回归使用残差绝对值的加权平均作为最小化目标函数,故对异常值不敏感,可以弥补固定效应 OLS 回归中因剔除掉异常值,而损失掉重要的信息进而导致估计结果会受到很大的影响的不足。国内学者张维迎等(2005)采用该方法研究了高新技术企业成长及其影响因素。

分位数回归模型可以描述为:

$$y_q(x_i) = x'_i \beta_q \tag{4-7}$$

其中, β_q 为"q 分位数回归系数",其估计量 $\hat{\beta}_q$ 由以下最小化来定义:

$$\min_{\beta_q} \frac{1}{n} \left(\sum_{i:y_i \geq x'_i \beta_q}^{n} q \mid y_i - x'_i \beta_q \mid + \sum_{i:y_i < x'_i \beta_q}^{n} (1-q) \mid y_i - x'_i \beta_q \mid \right) \tag{4-8}$$

表 4-12 第(1)—(5)列为经济增长对创新投入分别在 0.1、0.25、0.5、

0.75 和 0.9 分位点上的回归结果。结果显示 ΔGDP 的估计系数分别为
-0.001、-0.002、-0.003、-0.003、-0.004，且在 1% 显著水平上显著为负，它
们分别意味着 ΔGDP 对创新投入在各分位数的边际影响再逐渐增大。可以
看到，随着分位数的上升，ΔGDP 对于创新投入强度的负相关性也越大。也
就是说，在研发投入强度的高分位点上，经济增长越快，企业创新投入越低。
相对于固定效应 OLS 回归结果（表 4-4 第 1 列 ΔGDP 的估计系数为
-0.002），高估了低分位点上（0.1 分位点）经济增长对创新投入的影响，低
估了高分位点（0.75、0.9 分位点）经济增长对创新投入的抑制作用。因此，
相对于固定效应回归，分位数回归得到了更全面的信息。

表 4-12　经济周期波动与创新投入分位数回归

	F. RDintTA				
	(1)	(2)	(3)	(4)	(5)
	0.1 分位点	0.25 分位点	0.5 分位点	0.75 分位点	0.9 分位点
ΔGDP	-0.001^{***}	-0.002^{***}	-0.003^{***}	-0.003^{***}	-0.004^{***}
	(-10.89)	(-12.08)	(-18.28)	(-9.54)	(-7.66)
Size	-0.000^{***}	-0.001^{***}	-0.001^{***}	-0.002^{***}	-0.002^{***}
	(-4.80)	(-8.45)	(-9.43)	(-7.63)	(-6.05)
Age	-0.000^{***}	-0.000^{***}	-0.000^{***}	-0.000^{**}	0.000
	(-8.96)	(-8.86)	(-7.14)	(-2.37)	(0.44)
Lev	-0.004^{***}	-0.005^{***}	-0.005^{***}	-0.004^{***}	-0.003
	(-8.20)	(-7.66)	(-5.88)	(-3.29)	(-1.16)
ROA	0.005^{***}	0.010^{***}	0.013^{***}	0.018^{***}	0.019^{***}
	(5.55)	(9.85)	(9.37)	(10.00)	(7.28)
Growth	-0.000	-0.000	-0.000^{**}	0.000	0.001
	(-0.22)	(-1.27)	(-2.15)	(0.28)	(1.07)

续表 4-12

			F. RDintTA		
	(1)	(2)	(3)	(4)	(5)
	0.1 分位点	0.25 分位点	0.5 分位点	0.75 分位点	0.9 分位点
Duality	−0.000	−0.000	0.001*	0.001***	0.001
	(−1.08)	(−0.34)	(1.77)	(2.69)	(1.15)
Indpt	0.003**	0.000	−0.000	−0.005	0.002
	(2.13)	(0.15)	(−0.04)	(−1.42)	(0.27)
Share1	−0.000	−0.000	0.001	0.002	0.000
	(−0.54)	(−0.66)	(0.98)	(1.40)	(0.09)
Inster	0.006***	0.012***	0.016***	0.024***	0.025***
	(4.96)	(8.34)	(8.38)	(8.26)	(4.71)
Mngshare	0.005***	0.003*	0.000	0.003	0.006
	(4.11)	(1.95)	(0.09)	(1.14)	(1.47)
Cons	0.020***	0.039***	0.057***	0.074***	0.091***
	(8.94)	(14.41)	(16.20)	(13.48)	(8.12)
Year	yes	yes	yes	yes	yes
Industry	yes	yes	yes	yes	yes
Province	yes	yes	yes	yes	yes
N	20 930	20 930	20 930	20 930	20 930
R^2	0.262	0.290	0.308	0.303	0.291

表 4-13 为经济增长对创新产出分别在 0.1、0.25、0.5、0.75 和 0.9 分位点上的回归结果，其中 Panel A 为申请专利总额，Panel B 为申请发明专利，Panel C 为非发明专利。结果显示在 Panel A 中，ΔGDP 的估计系数分别为 −0.217、−0.168、−0.162、−0.141、−0.165，且在 1% 显著水平上显著为负，意

味着 ΔGDP 对专利总额在各分位数的边际影响呈现出逐渐减小的趋势,但相对于固定效应 OLS 回归结果(表 4-4 第 2 列 ΔGDP 的估计系数为 -0.115),几乎低估了各个分位点上经济增长对专利的负面影响。在 Panel B 中,ΔGDP 的估计系数分别为 -0.140、-0.166、-0.168、-0.115、-0.112,且在 1% 显著水平上显著为负,意味着 ΔGDP 对发明专利在各分位数的边际影响呈现出先逐渐增大,然后减小的倒"U"形变动趋势。也就是说对发明专利高分位点的影响逐渐减小。但是,相对于固定效应 OLS 回归结果(表 4-4 第 3 列 ΔGDP 的估计系数为 -0.105),几乎低估了各个分位点上经济增长对发明专利的抑制作用。在 Panel C 中,ΔGDP 的估计系数分别为 -0.135、-0.132、-0.140、-0.158、-0.165,且从 0.25 分位数开始在 1% 显著水平上显著为负,意味着 ΔGDP 对非发明专利在各分位数的边际影响呈现出先逐渐增大的趋势,即逆周期性随着分位数的增大而增大。相对于固定效应 OLS 回归结果(表 4-4 第 4 列 ΔGDP 的估计系数为 -0.119),几乎低估了各个分位点上经济增长对非发明专利的抑制作用。从 Panel A 到 Panel C 的分位数回归可以看出,相对于固定效应回归结果(表 4-4 第 2-4 列 ΔGDP 的估计系数分别 -0.115、-0.105 和 -0.119),均出现低估创新产出在各分位点上经济增长对创新抑制作用。分位数回归呈现出更全面的创新变动信息。

表 4-13　经济周期波动与创新产出分位数回归

Panel A: $F.\ln apply$					
	(1)	(2)	(3)	(4)	(5)
	0.1 分位点	0.25 分位点	0.5 分位点	0.75 分位点	0.9 分位点
ΔGDP	-0.217^{***}	-0.168^{***}	-0.162^{***}	-0.141^{***}	-0.165^{***}
	(-5.23)	(-5.00)	(-5.74)	(-4.03)	(-6.35)
$Size$	0.521^{***}	0.633^{***}	0.672^{***}	0.671^{***}	0.656^{***}
	(15.73)	(27.95)	(37.05)	(40.39)	(33.90)

续表 4-13

Panel A: $F.\ln apply$					
	(1)	(2)	(3)	(4)	(5)
	0.1 分位点	0.25 分位点	0.5 分位点	0.75 分位点	0.9 分位点
Age	−0.018***	−0.013***	−0.009***	−0.007**	−0.004
	(−3.28)	(−2.90)	(−2.97)	(−2.26)	(−0.98)
Lev	−0.556***	−0.301**	−0.202**	0.030	−0.019
	(−3.63)	(−2.44)	(−2.23)	(0.31)	(−0.17)
ROA	1.002***	1.651***	1.812***	1.569***	1.494***
	(3.90)	(7.75)	(10.91)	(10.85)	(8.70)
Growth	−0.021	−0.035	−0.024	0.001	−0.022
	(−0.77)	(−1.37)	(−1.35)	(0.04)	(−0.83)
Duality	0.044	−0.012	−0.076*	−0.028	0.048
	(0.64)	(−0.22)	(−1.96)	(−0.65)	(0.88)
Indpt	−0.248	−0.252	0.627*	0.664**	0.107
	(−0.53)	(−0.60)	(1.91)	(2.53)	(0.36)
Share1	−0.632***	−0.415**	−0.170	0.085	0.349***
	(−3.12)	(−2.54)	(−1.39)	(0.77)	(2.61)
Inster	2.068***	1.908***	1.727***	1.283***	1.338***
	(5.78)	(7.03)	(9.01)	(6.59)	(4.87)
Mngshare	0.052	0.310	0.456***	0.622***	0.573***
	(0.15)	(1.49)	(2.68)	(3.99)	(2.93)
Cons	−8.984***	−11.487***	−11.873***	−11.163***	−10.070***
	(−11.22)	(−18.20)	(−23.16)	(−23.25)	(−19.55)
Year	yes	yes	yes	yes	yes
Industry	yes	yes	yes	yes	yes
Province	yes	yes	yes	yes	yes
N	20 930	20 930	20 930	20 930	20 930
R^2	0.364	0.391	0.399	0.391	0.373

续表 4-13

Panel B：F. ln*iapply*

	(1)	(2)	(3)	(4)	(5)
	0.1 分位点	0.25 分位点	0.5 分位点	0.75 分位点	0.9 分位点
ΔGDP	-0.140***	-0.166***	-0.168***	-0.115**	-0.112***
	(-5.95)	(-4.21)	(-7.22)	(-2.16)	(-2.60)
Size	0.280***	0.543***	0.669***	0.699***	0.687***
	(10.91)	(25.03)	(32.34)	(36.51)	(34.85)
Age	-0.010***	-0.008*	-0.007*	-0.005	-0.006
	(-2.68)	(-1.88)	(-1.96)	(-1.40)	(-1.60)
Lev	-0.215**	-0.321***	-0.294***	-0.302***	-0.182
	(-2.26)	(-2.90)	(-3.13)	(-2.65)	(-1.52)
ROA	0.371***	0.985***	1.498***	1.415***	1.519***
	(2.62)	(5.69)	(8.34)	(9.00)	(8.84)
Growth	0.009	0.000	0.005	0.045**	0.027
	(0.55)	(0.01)	(0.19)	(2.09)	(1.10)
Duality	-0.005	0.038	0.032	-0.002	0.025
	(-0.11)	(0.74)	(0.79)	(-0.04)	(0.52)
Indpt	-0.153	0.048	0.201	0.638**	0.112
	(-0.40)	(0.14)	(0.57)	(2.14)	(0.31)
Share1	-0.474***	-0.612***	-0.469***	-0.193	0.111
	(-3.90)	(-3.89)	(-3.94)	(-1.57)	(0.88)
Inster	1.484***	1.927***	1.970***	1.588***	1.894***
	(5.76)	(7.80)	(9.59)	(6.52)	(6.39)
Mngshare	0.004	0.108	0.066	0.481**	0.864***
	(0.02)	(0.53)	(0.37)	(2.37)	(3.97)

98

续表 4-13

Panel B: F. ln*iapply*					
	(1)	(2)	(3)	(4)	(5)
	0.1 分位点	0.25 分位点	0.5 分位点	0.75 分位点	0.9 分位点
Cons	−4.842***	−10.126***	−12.151***	−12.540***	−11.628***
	(−7.72)	(−16.38)	(−21.23)	(−21.17)	(−20.57)
Year	yes	yes	yes	yes	yes
Industry	yes	yes	yes	yes	yes
Province	yes	yes	yes	yes	yes
N	20 930	20 930	20 930	20 930	20 930
R^2	0.313	0.356	0.364	0.358	0.347
Panel C: F. ln*udapply*					
	0.1 分位点	0.25 分位点	0.5 分位点	0.75 分位点	0.9 分位点
ΔGDP	−0.135	−0.132***	−0.140***	−0.158***	−0.165***
	(−1.57)	(−5.90)	(−4.60)	(−5.03)	(−6.06)
Size	0.257***	0.493***	0.608***	0.609***	0.590***
	(8.07)	(21.62)	(30.14)	(34.12)	(32.65)
Age	−0.008***	−0.007	−0.006	−0.008**	−0.009**
	(−2.66)	(−1.51)	(−1.55)	(−2.27)	(−2.52)
Lev	−0.223**	−0.081	−0.070	0.205**	0.266**
	(−2.46)	(−0.69)	(−0.69)	(1.96)	(2.34)
ROA	0.402**	1.146***	1.541***	1.680***	1.592***
	(2.44)	(5.71)	(7.58)	(9.65)	(9.62)
Growth	−0.019	−0.027	−0.034*	−0.039	−0.052**
	(−0.82)	(−1.28)	(−1.82)	(−1.59)	(−2.08)

续表 4-13

Panel C:*F. lnudapply*	0.1 分位点	0.25 分位点	0.5 分位点	0.75 分位点	0.9 分位点
Duality	0.004	−0.029	−0.099**	−0.063	0.011
	(0.12)	(−0.60)	(−2.28)	(−1.43)	(0.21)
Indpt	0.218	0.223	0.568	0.578*	0.547*
	(0.73)	(0.58)	(1.49)	(1.91)	(1.90)
*Share*1	−0.302**	−0.177	−0.011	0.262**	0.496***
	(−2.43)	(−1.14)	(−0.09)	(2.13)	(3.77)
Inster	0.185	1.121***	1.258***	1.044***	0.809***
	(0.91)	(3.79)	(5.84)	(4.74)	(3.64)
Mngshare	−0.008	0.021	0.422**	0.488***	0.291
	(−0.06)	(0.10)	(2.42)	(2.83)	(1.39)
Cons	−4.592***	−9.525***	−11.477***	−10.485***	−9.547***
	(−4.51)	(−17.22)	(−20.34)	(−20.18)	(−20.88)
Year	yes	yes	yes	yes	yes
Industry	yes	yes	yes	yes	yes
Province	yes	yes	yes	yes	yes
N	20 930	20 930	20 930	20 930	20 930
R^2	0.347	0.387	0.400	0.393	0.371

小　结

企业的运营离不开宏观经济环境,当宏观经济环境发生变化时,企业如何调整其行为以应对外部环境变化所带来的风险,一直以来都是学术界所关注的重要研究领域。本书基于我国当前宏观经济发展的现实情况,即经济发展由高速增长到中高速增长的减速换档期,经济增长由粗放式的规模扩张到内涵式发展方式的转变,创新驱动发展战略的实施等宏观背景下,以企业技术创新为切入点,从经济周期的角度检验了宏观经济环境变化对企业技术创新的影响。研究发现:

第一,创新具有逆周期性,表现为经济增长与创新的负相关性。该结论支持了熊彼特所提出的"破坏式创新"理论,即创新在破坏的过程中产生,当经济发展处于危机时,旧的生产方式被破坏,新的生产方式开始产生。

第二,创新逆周期性存在选择效应,即在国有企业和低公司治理水平企业中,逆周期性更强。经济发展形势作为所有企业所面对的系统性风险,对不同特质企业的影响不同,本书从企业自身特征角度进行差异性检验,发现相对于非国有企业,国有企业创新逆周期性更强;高公司治理水平可以抑制创新的逆周期性。

第三,创新逆周期性存在金融化挤出效应和固定资产规模扩张挤出效应的影响路径。本书从外部产品需求市场和金融市场机制,内部资源配置角度分析了经济增长对创新的内在作用机制和具体传导路径。发现创新的逆周期性,主要是因为经济增长助推了企业短视行为,即将更多资产配置在金融化和固定资产领域,进而对创新产生挤出效应。也就是说,经济增长通过影响企业内部资源配置进而影响企业创新。

第四,经济增长有助于推动企业创新成长性发展。本章进一步分析了经济增长对创新长期趋势的影响,即创新成长性。发现经济增长推动了创新投入和产出的增长,表现为良好的创新可持续性,这说明经济发展形势越好,总体上有助于推动企业创新长期发展。另外,采用分位数回归方法考察了不同分位点上的创新投入和产出对经济环境变化的反应,结果表明,创新投入的逆周期性呈现出随分位点的增大而增大的趋势,但是发明专利的逆周期性在高分位点(0.9分位点)处最低,呈现倒"U"形的趋势,而非发明专利表现出随分位点的增大而增大的趋势,但总体而言,固定效应 OLS 回归低估了各个分位点的创新逆周期性。

　　总体而言,本章考察了经济发展与创新的关系,并分析了可能存在的机制和具体影响路径,得出了相应的具有理论价值与现实意义的研究结果。本章的研究证实了经济增长越快,企业的短视行为越严重,将资本更多配置在风险小、获利多的非创新领域,对创新产生了挤出效应。因此需要政府采取相应措施,在经济发展形势较好时积极引导企业,注重长期发展,避免短视行为,切实激发企业创新积极性。

第五章

经济政策不确定性与企业技术创新

经济政策不确定性是宏观经济环境的重要因素之一,相较于经济政策,经济政策不确定性对企业创新影响更大(Bhattacharya et al.,2017)。创新作为企业长期发展战略的重要举措,面对外部宏观经济政策不确定性,企业创新行为会发生什么改变? 管理层作为创新的最终决策者,面对经济政策不确定的增大,会基于何种动机进行创新? 本章试图探析经济政策不确定性对企业创新的影响,并检验内在机制。

第一节　经济政策不确定条件下企业技术
创新面临的挑战

由于 2008 年金融危机的爆发,导致世界经济发展低迷,而我国政府为了应对金融危机,出台了"四万亿"经济刺激政策。之后,中国为了寻求新的经济增长点,于 2013 年提出了"海上丝绸之路"和"陆上丝绸之路"的"一带一路"倡议。但随着国内产能过剩问题的出现,2015 年提出"三去一降一补"的供给侧结构性改革,之后"大众创业、万众创新""中国制造 2025"等战略性决策也相继提出。随着近年来新冠肺炎疫情、地缘政治、国内房地产行业的下行等诸多不确定性因素的增大,中国出台了一系列的宏观经济政策,这些政策的出台在稳定经济增长的同时,也带来了更高的经济政策不确定性(饶品贵,等,2017)。经济政策不确定性是指经济主体无法准确预知政府是否、何时以及如何改变现行经济政策(Gulen & Ion,2016)。经济政策不确定性已经成为影响经济增长和企业发展的重要宏观因素(Bloom,2007)。世界银行在 2017 年《全球经济展望》报告中表示近年来诸多新兴经济体的政治与经济政策不确定性是致使其投资疲软与萎缩的关键因素。普华永道的调查发现美国的 CEO 更加关注政策不确定性的影响,中国企业经营者问卷跟踪调查报告(2016)显示企业经营者期望政府保持宏观政策的稳定性和连续性。可见,经济政策不确定性已经成为影响企业行为的重要宏观因素。

而创新作为提升企业长期竞争力和促进经济增长的重要动力(Solow,1957),一直以来都备受关注,尤其是党的十八大明确提出"创新驱动发展"战略以来,将创新提升到了前所未有的高度。据国家统计局数据显示,2007年我国研发支出为 3 710.24 亿元,2012 年为 11 846.60 亿元,2021 年上升到27 956.3 亿元,可见创新投入不断加大。但是,创新不同于一般日常投资活动,具有周期长、风险大和信息不对称程度高等特征(Holmstrom,1989),故更容易受到不确定性因素的影响(孟庆斌和师倩,2017)。同时,又因为研发支出有条件资本化的会计处理方式,使其不仅影响企业短期收益,也影响着企业未来收益。因此,面对经济政策不确定性的增大,企业如何在维持短期利益和提升未来收益之间权衡? 如何保持企业创新可持续,提升长期竞争力,对在日益复杂的全球经济发展中提升核心竞争力具有重要的现实意义。

近年来经济政策不确定性对企业行为的影响越来越受到理论界和实务界的重视,而经济政策不确定性对研发投入或创新的影响,近期也有文献涉及,但是研究结论并不一致,存在经济政策不确定性对创新的"抑制论"和"促进论"两种论点。如 Bhattacharya et al. (2017)研究了政策不确定性对企业创新的影响,发现相较于政策不稳定政策时期,稳定时期的企业创新性更强。郝威亚等(2016)基于实物期权理论证实,经济政策不确定性致使企业推迟研发投入决策,进而抑制企业创新。陈德球等(2016)研究发现政策不确定性降低了企业的创新效率。但是,孟庆斌和师倩(2017)研究发现经济政策不确定性越大,企业出于谋求发展的目的反而会加大研发投入强度,经济政策不确定性对企业创新具有激励效应(顾夏铭,等,2018)。由此可见,已有经济政策不确定性对创新影响的研究尚存在争议,这为本书提供了进一步研究的空间。孟庆斌和师倩(2017)和顾夏铭等(2018)的研究均采用理论模型的方式论证了经济政策不确定性对创新促进作用的机制。但是,缺少对具体影响机制进行实证检验,且两者并未将管理层动机考虑在内。随着经济政策不确定性的增大,企业创新信息不对称程度增大,管理层会在当前利益与未来收益之间权衡(许楠,等,2019),进行策略式创新。

本章试图从我国特有的经济发展阶段和制度背景出发,从管理层决策动机和市场机制,探讨经济政策不确定对创新的影响及其作用机制,本书试图探讨以下三个问题:①经济政策不确定性如何影响企业创新?②管理层在其中扮演何种角色? ③不同产权属性的企业,经济政策不确定性对其创新的影响是否存在差异?本章试图剖析宏观经济政策不确定性与企业创新的内在机制,揭示宏观经济政策不确定性、管理层动机与创新三者之间的关系。

第二节　经济政策不确定性下企业技术创新的动机

一、动机分析

经济发展和经济政策能够影响企业行为已经得到了广泛认同,但是经济政策不确定性作为经济政策运行的必然结果,对企业行为也有着重要的影响。对于中国而言,自2008年金融危机以来,受世界经济长周期和国内经济阶段性发展的需要,中国政府先后出台了"四万亿""一带一路""互联网+""中国制造2025""三去一降一补"等一系列宏观经济政策。尤其近年来受新冠肺炎疫情、地缘政治等内外不确定性因素的影响,因此,在去产能、产业结构升级、转变经济增长模式、应对疫情冲击等方面一系列政策不断出台,中国经济政策的不确定性也随之加大(饶品贵,等,2017)。据《2017中国企业家成长与发展专题调查报告》,近六成的企业家认为"政策变化大难把握"是抑制企业创新的重要因素。经济政策不确定性可能通过影响外部产品市场需求和金融市场创新资金供给,而对创新产生直接的抑制作用。

首先,在产品市场上,经济政策不确定性增大的直接后果就是对产品市场的冲击。在稳定的经济政策环境下,企业能够依据现在或过去的经营状况,预测正常的产品市场变化,保持现金流的合理水平,做出有效的经营管理决策,维护产品市场需求的有效供给。但是当经济政策不确定性增大时,管理层较难把握政策的变化,很难根据以往的经营状况,做出对市场的有效预测和判断,进而增加了产品市场需求的不确定性,导致企业销售产品的外部需求冲击变大,加大了公司经营不确定性,导致公司未来盈利水平和现金流的不确定性提升(Bloom et al.,2007),在经营杠杆的作用下,放大了企业盈利能力的不确定性。而创新由于具有较高的融资约束程度,因此更多依赖内源性融资(鞠晓生,2013),随着盈利能力不确定性的增大,降低了维持创新活动可持续投入的内部资金保证程度,进而抑制了企业创新。经济政策不确定性还可能影响企业上下游产业链的稳定性,致使企业采购成本以及销售收入不确定增大(Almeida et al.,2004),影响企业盈利能力,进而影响创新。

其次,在融资市场上,当宏观经济政策不确定性显著增加时,外部融资环境不确定性增大,银行资产配置中的贷款份额下降(邱兆祥和刘远亮,2010),企业外部融资成本上升(Gulen & Ion,2016),企业融资约束程度增大。再加上创新活动自身存在较高的信息不对称和道德风险,而导致高融资成本,容易受到外源融资不足的限制(Hall & Lerner,2010)。因此,经济政策不确定性加大了企业创新活动的融资约束程度,影响了创新资金的供给,进而抑制了企业创新。

再次,管理层存在利用降低创新投入进行盈余操纵的动机。随着公司治理机制的完善和外部审计能力的提升,利用应计盈余进行盈余操纵的行为更容易被发现,因此,利用企业行为进行盈余操纵的真实盈余管理成了管理层的重要手段。Roychowdhury(2006)提出的真实盈余管理模型中,认为研发支出是企业操纵异常费用的重要构成要素。当经济政策不确定性增大,导致企业销售收入和未来现金流的不确定性增大,管理层可能通过削减创新投入,来维持短期业绩,但由于创新需要稳定的现金流来做支撑,因此削减创新投入的短视行为会导致企业创新过程受阻,从而导致创新产出下降(郝项超,等,2018)。尤其是当盈亏幅度较小时或为实现"保盈"目标,公司会通过削减研发支出进行盈余管理(范海峰和胡玉明,2013;朱红军,等,2016)。

最后,实物期权理论认为,当企业经营环境不确定性升高时,企业将暂缓投资活动,等待更多的信息披露后再做出是否投资的决策。不确定性增加了实物期权价值,使得企业在投资或撤资时更加谨慎(Bloom et al.,2007)。李凤羽等(2015)研究发现经济政策不确定性越大企业投资越少。因此,根据实物期权理论可推知,经济政策不确定性增大了企业等待新信息的价值,企业将暂缓做出创新决策,致使企业研发投入下降,创新水平降低。郝威亚等(2016)基于实物期权理论分析发现,经济政策不确定性抑制了创新活动。同时,较高的经济政策不确定性增加了管理层评估创新项目未来收益的难度,为了尽可能地避免投资失败,管理层进行投资时会更加谨慎(Bloom et al.,2007),拒绝或减少高风险项目。因为创新信息本身很难加工处理,需要分析从专利到最终产品的路径,且收益具有高不确定性和长期性(David et al.,2013)。因此,当经济政策不确定性较高时,管理层出于投资谨慎性考虑,会减少创新活动。

综上分析,在当前中国所处的特殊经济发展阶段,经济政策不确定性一方面通过影响产品市场环境和金融市场环境,增大了企业外部经营环境不确定性,导致企业盈利能力不确定性和融资成本上升,致使企业因缺乏稳定的资金支持和政策支持,而降低创新投入和产出。另一方面,经济政策不确定性增大,影响了管理层对未来经济形式的预期,致使其更加谨慎,进而降低创新投入;同时,经济政策不确定性导致盈利能力降低,也增大了管理层利用降低创新投入进行盈余操纵的动机。因此,经济政策不确定性增大可能对创新产生抑制作用。综上分析,本书认为,经济政策不确定性抑制了企业创新投入。

但是,经济政策不确定性对企业创新也可能起到促进作用,因为企业创新行为最终体现的是管理层决策,而管理层出于不同动机,在经济政策不确定性增大的情况下有可能提升企业创新性。

一种是管理层出于效率动机进行创新。俗语"穷则思,思则变",说明当外部环境变得更加恶劣时更容易形成倒逼机制,从而迫使企业更加关注未来发展和竞争力的提升,加大研发投入。具体来说,首先,经济政策不确定性的增大抑制了企业将资源配置在非研发领域的行为,为增加在研发领域的资本配置提供了必要条件。经济政策不确定性增加了股票市场的波动、金融体系的系统性风险、金融资产价格的波动性以及金融监管政策不确定性,抑制了金融化趋势(Baum et al. ,2009;彭俞超,等,2018),即降低了企业将资本配置到金融资产领域。同时,经济政策不确定性的增大,导致管理层、债权人和股东均更加谨慎,进而减少投资(饶品贵,等,2017),即降低了企业在非研发领域的长期资产投资。企业在有限资源的约束条件下,可能出现非此即彼的行为,即在降低了非研发领域的资本配置后,可能会加大在研发资本领域的配置。其次,不确定性增加了企业获取利润的可能性,进而有助于企业创新。不确定性是创新活动的本质(Knight,1921),在竞争环境中没有不确定性就不可能有利润,因为可预测的额外利润将被消除。虽然经济政策不确定给投资、就业、生产率等方面带来暂时的负面冲击,但是由于调整成本特征的差异,它对研发活动的影响可能不同于其他经济活动(Bloom,2007)。研发活动不同于一般日常固定资产、存货等有形资产投资活动,是企业对未来价值和竞争力的投资,企业为了提升核心竞争力和未来获得更多投资收益,实现企业长期发展,理性的企业会不断加大研发投入。尤其当经济政策不确定性提高时,企业面临的外部经营风险加大,生存压力增大,这迫使企业更加注重创新活动,不断开拓新的市场和研发新产品,加大创新。风险承担理论就认为,风险的存在带来了积极的研发回报(Chemmanur et al.,2014)。因此,当企业面临市场竞争和风险增大时,企业在一定条件下更倾向于加速创新以增加市场势力(Aghion et al.,2005)。孟庆斌和师倩(2017)研究发现,经济政策不确定性具有通过敦促企业研发活动,谋求自我发展的效应。顾夏铭等(2018)在 Bloom(2007)和 Bloom et al.(2007)模型的基础上,通过量化分析研究发现经济政策不确定性会对企业创新产生激励效应和选择效应。由此可见,当经济政策不确定性越高时,在外部短期获利机会变少和内部企业自我发展需要的双重作用下,企业为了生存和长期发展,理性的企业会将更多的资源配置在创新领域。

另一种是管理层出于代理动机进行创新。首先,R&D 是企业进行真实盈余管理的一种手段(Roychowdhury,2006)。黎文靖和郑曼妮(2016)研究发现企业为了获取政府产业扶持而进行策略创新,并非实质创新。尤其是高新技术企业,为了获得更多的税收优惠和政府补助,达到相关标准而操纵研发投入,导致公司研发绩效下降(杨国超,等,2017)。其次,经济政策不确定性提升了信息不对称程度,为管理层的机会主义行为创造了更为隐蔽的条件。陈德球和陈运森(2018)研究发现由地方领导人变更而产生的政策不确定性,当地上市公司会提高盈余管理程度来降低未来可能增加的政策性成本。面对外部经济政策不确定性带来的负面冲击,在代理动机的驱动下,管理层并非真正想通过研发投入的调整来提升企业竞争力和创新力，而是通过加大研发投入向外界传递信号，得到投资者的关注，增加其市场价值，进而进行减持（周铭山，等，2017）。肖虹和曲晓辉（2012）也研究发现我国研发投资存在迎合行为。尤其是在当前我国大力推动创新发展战略的背景下，企业创新行为成为投资者关注的重点。因此，在经济政策不确定性增大的情况下，管理层可借助外界环境变化更好掩饰其创新的真实动机。最后，通过加大创新投入可以掩盖企业收益降低的事实，为自身"洗白"。因为研发投入在研究阶段费用化处理，在开发阶段有条件的资本化处理方式下，赋予了管理者更多的自由裁量权。实证会计理论指出，企业存在"洗大澡"或"平滑利润"的盈余管理行为。当企业出现亏损时，企业会制造出更加亏损的"现象"，以便以后年度转回。朱红军等（2016）以我国"微利"和"微增"的A股上市公司为样本，研究发现上市公司出于真实盈余管理动机而减少研发投入。因此，在经济政策不确定性增大情况下，企业经营业绩受到冲击，管理者为了给经营业绩下滑寻找更为恰当的理由，存在利用加大研发支出掩盖经营业绩不佳的事实，同时也迎合了当前国家创新发展战略的要求。

根据上述理论分析，无论管理层出于代理动机，还是效率动机，经济政策不确定性对企业创新均起到了促进作用。

上述分析可知，效率动机和代理动机都可以促使管理层面对外部经济政策不确定性增大而加大研发资本配置，但在不同动机下研发资本配置的产出效率会有显著的差异。一方面，如果管理层基于战略发展的效率动机，面对经济政策不确定性对企业经营业绩的负向冲击增大，管理层会更加注重企业未来发展和市场占有，更加注重研发成果的转化和管理，提升研发投入产出效率以对冲外部风险。另一方面，如果管理层基于利己主义的代理动机，面对经济政策不确定性而加大研发投入，只是打着"创新"的幌子，满足其私利，并非"真心实意"提升企业未来竞争力，这必然导致其不注重研发过程管理，或者研发项目的风险控制，甚至导致过度研发投入（刘胜强，等，

2015），最终导致较低的创新绩效。基于以上分析，本书认为若政策不确定性越大，企业创新投入产出率越低，则表现为创新的"代理动机"；若政策不确定性越大，企业创新投入产出率越高，则表现为创新的"效率动机"。

不同产权性质所引发的企业行为差异一直以来都是学术界所关注的问题，尤其对于转轨经济时期的中国而言，国有企业既要履行股东利益最大化的责任，还要承担多重社会责任（如就业、环境保护、税收等）。当外部经济环境发生显著变化时，由于其职能的多元化，使其对市场敏感度相对于非国有企业更低。这是因为，一方面由于国有企业与政府的天然联系，政府的"父爱主义"，对其进行多种形式的补贴以及"兜底"行为，因此当其面临外部经营环境的变化时，会享受到更多的政府补助、税收减免以及其他的补偿金（Liang et al. ,2012），且具有融资优势（Allen et al. ,2005），致使其危机意识淡薄、生存压力较小，也导致国有企业对由于经济政策变化而导致的市场因素缺乏敏感性。另一方面，我国创新体系的构建及创新政策的推动多以政府为主导，而国有企业作为地方或中央政府所控制并经营的企业，对政府创新政策更具迎合性，因此在"创新驱动"战略的指引性，国有企业更有动力推动创新发展。而非国有企业受政府干预程度较少，对市场变化的敏感性更强，更能够抓住市场发展的机遇与挑战，因此当经济政策不确定性增大时，会更多从经济效益的角度权衡创新决策，更多出于效率动机减少创新投入。依据上述分析，本书进一步提出，相对于非国有企业，政策不确定性与创新的正相关性在国有企业中更显著。经济政策不确定性对企业创新的影响机制如图5-1所示。

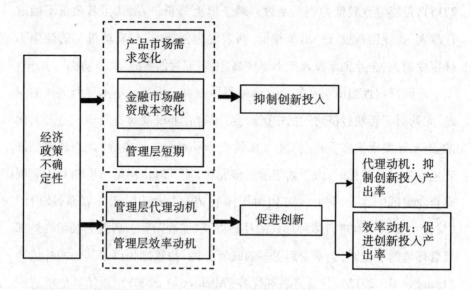

图5-1　经济政策不确定性对企业创新的影响机制

二、实证检验

(一)样本选择与数据来源

本章选取 2007—2021 年所有 A 股上市公司为研究样本,并剔除①未披露 R&D 投入的企业;②金融类公司;③上市年限不足 1 年的公司;④资产负债率小于零和大于 1 的公司;⑤各变量不全的公司。为消除极端值的影响,对连续型变量按 1% 水平进行了 winsorize 处理。R&D 数据来自 Wind 数据库,专利数据、财务数据和公司治理数据来自国泰安(CSMAR)数据库,经济政策不确定性指数来自斯坦福大学和芝加哥大学联合发布的经济政策不确定性指数①。最终获得 21 266 个企业年度观测值。

---

① http://www.policyuncertainty.com/.

(二)模型设计

为了研究经济政策不确定性对创新的影响,采用固定效应 OLS 模型,设计如下:

$$Innovation_{it} = \alpha_0 + \alpha_1 EPU_{t-1} + \alpha_2 Size_{it-1} + \alpha_3 Age_{it-1} + \alpha_4 Lev_{it-1}$$
$$+ \alpha_5 ROA_{it-1} + \alpha_6 Growth_{it-1} + \alpha_7 Duality_{it-1} + \alpha_8 Indpen_{it-1}$$
$$+ \alpha_9 Inster_{it-1} + \alpha_{10} Share1_{it-1} + \alpha_{11} Mngshare_{it-1} + \alpha_{12} GDP_{t-1}$$
$$+ IndustryFE + ProvinceFE + \varepsilon_{it}$$

$$(5-1)$$

其中,被解释变量企业技术创新变量,采用创新投入来表征,具体定义如表 5-1。解释变量为经济政策不确定性(EPU),由于 EPU 是时间序列变量,因而模型中未控制时间固定效应。由于创新具有滞后性,因此控制变量和 EPU 采用 $t-1$ 期。在稳健性检验中,模型中加入年度固定效应,结果未发生改变。

为检验经济政策不确定性对创新影响的内在机制,设计模型 5-2。由于管理层动机较难量化,本章借鉴已有文献(王红建,等,2014;曹春方,等,2018;许楠,等,2019)对管理层动机检验的方法,即从经济后果来检验其动机,故本书采用经济政策不确定性对创新投入产出率的影响来检验其动机,故模型设计为 5-2 用来检验经济政策不确定性与企业创新的关系。在稳健性检验中,采用 Tobit 回归模型进行检验。

$$\ln Patent_{it} = \alpha_0 + \alpha_1 EPU_{t-1} + \alpha_2 RDint_{it} + \alpha_3 EPU_{t-1} \times RDint_{it} + \alpha_4 Size_{it-1}$$
$$+ \alpha_5 Age_{it-1} + \alpha_6 Lev_{it-1} + \alpha_7 ROA_{it-1} + \alpha_8 Growth_{it-1} + \alpha_9 Duality_{it-1}$$
$$+ \alpha_{10} Indpen_{it-1} + \alpha_{11} Inster_{it-1} + \alpha_{12} Share1_{it-1} + \alpha_{13} Mngshare_{it-1}$$
$$+ \alpha_{14} GDP_{t-1} + IndustryFE + ProvinceFE + \varepsilon_{it}$$

$$(5-2)$$

其中,被解释变量为创新产出,包括专利总量、发明专利和非发明专利

（实用新型和外观设计之和），解释变量为创新投入（$RDintTA$ 和 $RDintIN$）和经济政策不确定性（EPU），重点关注交互项（$EPU_{it} \times RD\,int_{it+1}$）系数 α_3，若 α_3 显著为正，则说明随着经济政策不确定性越大研发投入越多的企业，专利产出也越多，证实是"效率动机"，否则为"代理动机"。

（三）变量定义

1. 被解释变量

模型 5-1 被解释变量采用创新投入表征，其中创新投入用企业研发费用占资产比（$RDintTA$）和研发费用占营业收入比（$RDintIN$）。模型 5-2 被解释变量创新产出用申请专利总量、发明专利、非发明专利（实用新型专利和外观设计专利之和）来表征，具体参照 Fang et al.（2014）的做法，用企业当年申请专利总量、发明专利申请量、非发明专利加 1 再取自然对数衡量。模型 5-2 被解释变量用创新产出，用企业当年申请专利总量、发明专利申请量、非发明专利加 1 再取自然对数衡量。

2. 解释变量

模型 5-1 解释变量为经济政策不确定性（EPU）。关于经济政策不确定性，本书采用 Baker et al.（2016）不确定性指数衡量。该指数是基于文本分析而设计的指数，目前已经涵盖到 23 个国家，每月公布各个国家月度不确定性指标。我国的经济政策不确定性指数，是基于香港英文报纸《南华早报》为基础进行文本分析得出的。《南华早报》是一份创刊于 1903 年的香港英文报纸，其报道具有一定的权威性和独立性以及较高的公信力。该指数依据"中国""经济""政策"以及"不确定性"等关键词进行文本分析，并用这四个关键词报道的数量占当月文章总数量的比重计算而得。目前，该指数得到了国内诸多学者的认可（Baker et al.，2016；李凤羽，等，2014；饶品贵，等，2017；彭俞超，等，2018；张峰，等，2019）。具体衡量方法借鉴 Wang et al.（2014）采用月度经济政策不确定性的几何平均值/100 进行衡量，月度经济政策不确定指数的算数平均值/100进行稳健性检验。同时为了控制宏观经济环境对研发投入调整的影响,采用H-P滤波得到GDP增长率。另外,模型5-2的解释变量除了*EPU*外,还有创新投入,采用本期研发投入/总资产(*RDintTA*)和本期研发投入/营业收入(*RDintIN*)表征,模型5-2关注的是研发投入与*EPU*的交互项。

3.控制变量

控制变量与前述章节保持一致,包括公司特征变量企业规模(*Size*)、公司年龄(*Age*)、资产负债率(*Lev*)、资产收益率(*ROA*)和成长性(*Growth*)。公司治理变量两职合一(*Duality*)、独立董事规模(Indep)、机构持股(Inster)、第一大股东持股比例(*Share*1)、管理层持股比例(*Mngshare*)等。另外,行业(*Industry*)和地区(*Province*)层面上的固定效应。变量定义见表5-1。

表5-1 主要变量定义

变量名称	变量符号	变量描述
研发投入强度	*RDintTA*	本期研发投入/总资产
	RDintIN	本期研发投入/营业收入
专利申请总量	ln*apply*	ln(发明专利申请量+实用新型专利申请量+外观设计专利申请量+1)
发明专利申请量	ln*iapply*	ln(本期发明专利申请量+1)
非发明专利申请量	ln*udapply*	ln(本期实用新型专利申请量+外观设计专利申请量+1)
经济政策不确定指数	*EPU*	Baker etal.(2016)月度不确定性指数的几何平均数/100
营业收入增长率	*Growth*	(本期营业收入-上期营业收入)/上期营业收入
企业规模	*Size*	ln(总资产)

续表 5-1

变量名称	变量符号	变量描述
企业年龄	Age	ln(成立年数+1)
资产负债率	Lev	总负债/总资产
资产收益率	ROA	净利润/总资产
营业收入增长率	$Growth$	(本期营业收入-上期营业收入)/上期营业收入
两职合一	$Duality$	$Duality=1$,两职合一;$Duality=0$,非两职合一
独立董事规模	$Indpt$	独立董事人数/董事会人数
股权集中度	$Share1$	第一大股东持股比例
机构投资者持股	$Inster$	机构投资者持股数/总股数
管理层持股	$Mngshare$	管理层持股数/总流通股数
行业	$Industry$	行业固定效应,制造业控制二级细分行业
年份	$Year$	年度固定效应
地区	$Province$	省份固定效应

(四)实证结果与分析

1. 描述性统计分析

表 5-2 为主要变量的描述性统计结果。创新投入强度 $RDintIN$ 和 $RDintTA$ 均值分别为 0.043 和 0.021,说明样本平均而言企业研发投入仅占营业收入的 4.2%,占资产的 2.1%①,研发投入占营业收入的占比已经逐年提升。申请专利数、发明专利和非发明专利平均分别为 $e^{0.312}-1$、$e^{0.219}-1$ 和 $e^{0.201}-1$ 个,标准差分别为 0.947、0.717 和 0.769,说明创新产出在样本内存在较大差异。经济政策不确定性(EPU)的均值为 3.976,标准差为 2.392,说明样本期内经济政策不确定性存在较大波动。

---

① 同前述章节,因为以披露研发投入企业为样本,故样本中 RD 最小值接近 0。

表 5-2　主要变量描述性统计

变量名称	样本量	均值	标准差	最小值	中位数	最大值
RDintIN	21 266	0.043	0.044	0.000	0.034	0.256
RDintTA	21 266	0.021	0.019	0.000	0.018	0.100
lnapply	21 266	0.312	0.947	0.000	0.000	7.288
lniapply	21 266	0.219	0.717	0.000	0.000	6.572
lnudapply	21 266	0.201	0.769	0.000	0.000	6.625
EPU	21 266	3.976	2.392	0.792	3.471	7.792
Size	21 266	22.310	1.275	17.806	22.140	28.548
Age	21 266	11.237	6.689	3.000	10.000	31.000
Lev	21 266	0.439	0.199	0.008	0.433	0.999
ROA	21 266	0.018	0.046	−0.930	0.018	2.244
Growth	21 266	0.390	7.339	−0.985	0.110	665.540
Duality	21 266	0.268	0.443	0.000	0.000	1.000
Indpt	21 266	0.375	0.056	0.000	0.357	1.000
*Share*1	21 266	0.331	0.144	0.022	0.306	0.891
Inster	21 266	6.568	7.396	0.000	4.102	75.052
Mngshare	21 266	0.060	0.123	0.000	0.001	0.780

表 5-3 为单变量检验。本书按照经济政策不确定指数的年度中位数将样本分为高经济政策不确定组和低经济政策不确定组,比较两组在创新投入和创新产出上的差异。结果显示,在样本期内创新投入($RDintIN$ 和 $RDintTA$)均在高不确定时更大,且存在显著差异。创新产出(lnapply、lniapply 和 lnudapply)在经济政策不确定高时反而减少,且存在显著差异。这初步说明经济政策不确定性更大时,企业可能由于某些因素,导致创新从投入,到生产再到产出的过程充满了不确定性,进而影响了创新产出,具体机制待进一步检验。ROA 表现为在经济政策不确定性增大时,显著降低,第一大持股比例和管理层持股比例均值在经济政策不确定性增大时显著降低,说明大股东和机构投资者也在一定程度上受到外部经济政策不确定性

的影响,对企业预期降低,减少持股比例。

表 5-3　EPU 组间均值差异 T 检验

变量名称	低经济政策不确定性		高经济政策不确定性		均值差=(1)-(2)	
	样本量	均值	样本量	均值	均值差	T 值
$RDintIN$	11418	0.038	9848	0.048	-0.010***	-16.499
$RDintTA$	11418	0.019	9848	0.024	-0.004***	-16.362
$lnapply$	11418	0.338	9848	0.281	0.057***	4.387
$lniapply$	11418	0.233	9848	0.204	0.029***	2.911
$lnudapply$	11418	0.231	9848	0.166	0.065***	6.164
$Size$	11418	22.043	9848	22.353	-0.310***	-17.779
Age	11418	9.592	9848	11.087	-1.495***	-16.308
Lev	11418	0.445	9848	0.427	0.018***	2.633
ROA	11418	0.021	9848	0.016	0.004***	4.539
$Growth$	11418	0.473	9848	0.324	0.149	1.429
$Duality$	11418	0.251	9848	0.298	-0.047***	-7.720
$Indpt$	11418	0.372	9848	0.377	-0.005***	-7.134
$Share1$	11418	0.348	9848	0.326	0.021***	10.795
$Inster$	11418	7.076	9848	5.772	1.304***	12.908
$Mngshare$	11418	0.060	9848	0.075	-0.015***	-8.391

表 5-4 为 Person 和 Spearman 相关性检验,从结果可以看出,创新投入($RDintTA$ 和 $RDintIN$)与经济政策不确定性均显著正相关,创新产出与经济政策不确定性均显著负相关($lnapply$、$lniapply$ 和 $lnudapply$),初步反映出经济政策不确定性对创新投入具有"促进"作用,对创新产出产生了抑制作用。相关关系数均未超过 0.4,因为相关性分析并没有控制其他因素的影响,因此需要通过多元回归分析进一步证实,不过相关性分析可以让我们初步了解各个主要变量之间的关系。另外,为排除共线性问题,本书计算了各变量的 VIF 值,发现均小于 5,说明不存在严重的共线性问题。

表 5—4　相关性检验

	EPU	RDintIN	RDintTA	lnapply	lniapply	lnudapply	Size	Age	Lev	ROA	Growth	Duality	Indpt	Share1	Inster	Mngshare
EPU	1	0.12*	0.07*	0.08*	0.07*	0.07*	0.13*	0.12*	-0.05*	-0.07*	0.08*	0.03*	0.03*	-0.07*	0.06*	0.09*
RDintIN	0.08**	1	0.83*	0.27*	0.31*	0.20*	-0.25*	-0.29*	-0.38*	0.03	0.15*	0.17*	0.06*	-0.18*	0.12*	0.36*
RDintTA	0.05**	0.74*	1	0.34*	0.36*	0.26*	-0.20*	-0.23*	-0.28*	0.15*	0.08*	0.12*	0.02*	-0.09*	0.14*	0.27*
lnapply	-0.06*	0.15*	0.28*	1	0.89*	0.91*	0.36*	0.01	0.10*	0.17*	0.05*	0.00	0.02	0.05*	0.19*	0.09*
lniapply	-0.07*	0.20*	0.31*	0.90*	1	0.68*	0.34*	0.01	0.07*	0.18*	0.06*	0.01	0.02	0.02	0.22*	0.10*
lnudapply	-0.06*	0.07*	0.19*	0.91*	0.71*	1	0.33*	0.02	0.12*	0.12*	0.03*	-0.02*	0.02*	0.07*	0.13*	0.05*
Size	0.13*	-0.22*	-0.17*	0.39*	0.40*	0.38*	1	0.34*	0.46*	0.14*	-0.01	-0.14*	-0.00	0.22*	0.20*	-0.17*
Age	0.11*	-0.23*	-0.18*	0.01	0.02	0.02	0.30*	1	0.32*	-0.06	-0.03	-0.19*	-0.05*	-0.02	-0.02	-0.47*
Lev	-0.05*	-0.35*	-0.24*	0.10*	0.09*	0.13*	0.46*	0.30*	1	-0.08*	-0.03*	-0.11*	-0.03*	0.12*	-0.07*	-0.30*
ROA	-0.03*	0.02	0.13*	0.15*	0.16*	0.12*	0.10*	-0.06*	-0.17*	1	0.04*	0.01	-0.04*	0.10*	0.35*	0.10*
Growth	0.07*	0.10*	0.03*	-0.03*	-0.01	-0.03*	-0.01	0.02*	0.01	0.05*	1	0.03*	0.04*	-0.04*	0.07*	0.08*
Duality	0.03*	0.14*	0.10*	-0.00	0.01	-0.02*	-0.14*	-0.18*	-0.11*	0.02	-0.01	1	0.10*	-0.08*	0.03*	0.33*
Indpt	0.03*	0.07*	0.03*	0.03*	0.03*	0.03*	0.03*	-0.05*	-0.03*	-0.03*	0.02*	0.11*	1	0.02*	0.01	0.05*
Share1	-0.07*	-0.17*	-0.09*	0.06*	0.04*	0.09*	0.27*	-0.02	-0.07*	0.08*	-0.01	-0.09*	0.04*	1	-0.07*	-0.24*
Inster	0.01	0.09*	0.12*	0.14*	0.17*	0.09*	0.10*	-0.03*	-0.07*	0.29*	0.02*	0.02*	-0.01	-0.10*	1	0.14*
Mngshare	0.03*	0.25*	0.18*	0.02*	0.02*	-0.00	-0.20*	-0.39*	-0.25*	0.04*	0.03*	0.46*	0.10*	-0.08*	0.01	1

注：左下部分为 Pearson 检验结果，右上部分为 Spearman 检验结果；* 表示在 5% 的显著性水平下显著（双尾检验）。

2. 回归结果分析

表5-5为经济政策不确定性对创新影响回归结果,其中,第(1)—(2)列为创新投入,第(3)—(5)列为创新产出。从回归结果可以看出,经济政策不确定性(EPU)与创新投入指标($RDintTA$ 和 $RDintIN$)在1%显著水平上呈显著性正相关。与创新产出的申请专利总量($\ln apply$)、发明专利($\ln iapply$)和非发明专利总量($\ln udapply$)均在1%显著水平上呈显著性负相关。这说明经济政策不确定性越大,企业创新投入强度增大,但是创新产出数量越少,证实了经济政策不确定性提升了企业技术创新投入,但是抑制了创新产出。该结果在一定程度上说明,经济政策不确定下企业创新可能存在策略性行为,从研发投入专利产出的过程较为复杂,需要进一步才能够从企业内部治理方面进行分析研究,具体需要从管理层动机角度,即基于代理动机还是效率动机进行分析。

表5-5 经济政策不确定性对创新的影响

	(1)	(2)	(3)	(4)	(5)
	$RDintTA$	$RDintIN$	$\ln apply$	$\ln iapply$	$\ln udapply$
L. EPU	0.001***	0.002***	−0.014***	−0.012***	−0.014***
	(7.04)	(3.51)	(−3.06)	(−3.32)	(−3.87)
L. Size	−0.002***	−0.004***	−0.046***	−0.024***	−0.037***
	(−6.65)	(−7.47)	(−5.04)	(−3.58)	(−4.89)
L. Age	−0.000***	−0.000***	−0.018***	−0.013***	−0.013***
	(−3.30)	(−5.09)	(−9.24)	(−8.30)	(−8.33)
L. Lev	0.002**	−0.011***	−0.084**	−0.057**	−0.073***
	(2.12)	(−3.21)	(−2.53)	(−2.13)	(−3.13)

续表 5-5

	（1）	（2）	（3）	（4）	（5）
	RDintTA	RDintIN	lnapply	lniapply	lnudapply
L. ROA	0.029***	−0.052***	−0.371**	−0.218	−0.408***
	（4.35）	（−4.42）	（−2.12）	（−1.63）	（−2.92）
L. Growth	−0.000	−0.000	−0.000**	−0.000**	−0.000
	（−0.64）	（−0.31）	（−2.28）	（−2.25）	（−1.62）
L. Duality	−0.000	0.002	−0.027	−0.020	−0.032
	（−0.47）	（1.46）	（−0.96）	（−0.98）	（−1.41）
L. Indpt	0.004	0.021**	−0.328	−0.220	−0.378**
	（1.01）	（2.47）	（−1.51）	（−1.36）	（−2.08）
L. Share1	−0.000	−0.014***	−0.057	−0.055	−0.022
	（−0.03）	（−4.01）	（−0.58）	（−0.74）	（−0.27）
L. Inster	0.000***	0.000***	0.002	0.001	0.001
	（7.26）	（7.61）	（1.20）	（1.42）	（1.16）
L. Mngshare	0.006***	0.022***	0.370**	0.212**	0.361***
	（2.71）	（4.17）	（2.52）	（2.14）	（2.83）
L. ΔGDP	−0.002***	−0.005***	−0.012	−0.017**	−0.006
	（−9.27）	（−14.70）	（−1.27）	（−2.42）	（−0.82）
Industry FE	yes	yes	yes	yes	yes
Province FE	yes	yes	yes	yes	yes
N	21 266	21 266	21 266	21 266	21 266
Adj. R^2	0.320	0.355	0.055	0.047	0.049

注：***、**、*分别表示在1%、5%、10%水平上显著，括号内为 T 值，标准误经过企业群聚调整，以下类同。

表 5-6 为经济政策不确定对创新动机检验的回归结果,即从研发投入产出率来检验管理层动机,其中,Panel A 为经济政策不确定性(*EPU*)与创新投入 *RDintIN* 的交互检验结果,Panel B 为经济政策不确定性(*EPU*)与创新投入(*RDintTA*)交互检验结果,(1)—(3)列被解释变量分别为申请专利总量、发明专利数、非发明专利数。从回归结果可以看出,*RDintIN×EPU* 的交互项系数在 1% 水平上显著为负,*RDintTA×EPU* 交互项系数在 10% 水平上显著为负,总体上说明经济政策不确定性越大,创新投入越多,而创新产出越小,即创新投入产出率较低,证实了"代理动机"的存在。这也与经济政策不确定性越大,提升了创新投入和非发明专利数量,但是对发明专利并未起到显著的促进作用。这说明,经济政策不确定越大时,企业加大创新投入,并非为了提升未来预期回报率,谋求自我发展,这也是本书与孟庆斌和师倩(2017)、顾夏铭等(2018)不同之处。虽然本书得出与他们相同的结论,即经济政策不确定性与创新成正相关性,但是内在影响机制却不同。本书发现经济政策不确定性增大的情况下,管理层出于代理动机加大创新投入,表面上看,似乎经济政策不确定性对企业创新产生了激励效应,但实际上并未产生应有的实质性创新。

表 5-6　经济政策不确定性与企业创新动机检验

Panel A:*RDintIN*			
	(1)	(2)	(3)
	ln*apply*	ln*iapply*	ln*udapply*
RDintIN	9.737***	11.696***	5.639***
	(10.15)	(12.35)	(5.84)
RDintIN×L. EPU	−1.635***	−1.538***	−1.347***
	(−5.24)	(−3.03)	(−4.19)
L. EPU	0.076***	0.048***	0.094***
	(4.07)	(2.77)	(5.06)

续表 5-6

Panel A: RDintIN	(1)	(2)	(3)
	ln*apply*	ln*iapply*	ln*udapply*
L. Size	0.654***	0.635***	0.577***
	(24.53)	(24.79)	(21.45)
L. Age	−0.001	0.001	−0.003
	(−0.26)	(0.13)	(−0.54)
L. Lev	−0.101	−0.046	−0.055
	(−0.73)	(−0.36)	(−0.39)
L. ROA	1.606***	1.418***	1.317***
	(8.96)	(8.72)	(7.17)
L. Growth	−0.030	−0.001	−0.034
	(−1.28)	(−0.04)	(−1.53)
L. Duality	−0.032	−0.001	−0.063
	(−0.63)	(−0.03)	(−1.17)
L. Indpt	0.270	0.257	0.500
	(0.64)	(0.62)	(1.20)
L. Share1	−0.204	−0.331*	−0.049
	(−1.00)	(−1.77)	(−0.24)
L. Inster	1.366***	1.452***	0.890***
	(5.01)	(5.62)	(3.16)
L. Mngshare	0.456**	0.201	0.425*
	(2.01)	(0.89)	(1.87)
L. ΔGDP	−0.084***	−0.065***	−0.107***
	(−4.73)	(−3.87)	(−5.94)
Industry FE	yes	yes	yes
Province FE	yes	yes	yes
N	21 266	21 266	21 266
Adj. R^2	0.407	0.386	0.396

续表 5-6

Panel B:*RDintTA*	(1)	(2)	(3)
	ln*apply*	ln*iapply*	ln*udapply*
RDintTA	25.705***	27.105***	17.824***
	(12.32)	(13.17)	(7.89)
RDintTA×L. EPU	−1.162*	−0.587*	−1.473*
	(−1.86)	(−1.78)	(−1.94)
L. EPU	0.036*	0.006*	0.066***
	(1.80)	(1.85)	(3.29)
L. Size	0.673***	0.656***	0.591***
	(26.26)	(26.51)	(22.38)
L. Age	−0.003	−0.002	−0.003
	(−0.66)	(−0.49)	(−0.67)
L. Lev	−0.215*	−0.241**	−0.072
	(−1.65)	(−2.01)	(−0.54)
L. ROA	1.088***	0.802***	1.019***
	(6.27)	(5.14)	(5.71)
L. Growth	−0.008	0.028	−0.024
	(−0.35)	(1.31)	(−1.06)
L. Duality	−0.027	0.008	−0.062
	(−0.54)	(0.16)	(−1.16)
L. Indpt	0.351	0.381	0.522
	(0.85)	(0.94)	(1.27)
L. Share1	−0.350*	−0.517***	−0.123
	(−1.74)	(−2.80)	(−0.61)

续表 5-6

Panel B: *RDintTA*			
	（1）	（2）	（3）
	ln*apply*	ln*iapply*	ln*udapply*
L. Inster	1.192***	1.301***	0.746***
	（4.40）	（5.08）	（2.62）
L. Mngshare	0.423*	0.201	0.374*
	（1.93）	（0.94）	（1.66）
L. ΔGDP	−0.065***	−0.053***	−0.087***
	（−3.73）	（−3.17）	（−4.86）
Industry FE	yes	yes	yes
Province FE	yes	yes	yes
N	21 266	21 266	21 266
Adj. R^2	0.433	0.413	0.409

　　表5-7为不同产权下经济政策不确定对创新影响差异,其中,第(1)—(2)列为创新投入,第(3)—(5)列为创新产出。从(1)—(5)列中可以看出,*SOE* 对创新投入的回归中,*SOE* 估计系数在1%显著水平上显著为正,说明相对于非国有企业,国有企业研发投入更多;*SOE* 对创新产出的回归中,*SOE* 估计系数在1%显著水平上显著为负,说明相对于非国有企业,国有企业专利产出更少。*SOE×EPU* 对创新投入和创新产出的回归中,*SOE×EPU* 交互项系数均在1%水平上显著为正,说明相对于非国有企业,国有企业在经济政策不确定增大时,创新投入和产出均增大。这可能是因为国有企业出于多重政治目标和融资优势的原因,对经济政策变化所可能引发的市场风险不够敏感,即使面对经济政策不确定性增大的风险,其在创新投入和创新产出均表现出显著的增加,而非国有企业更对市场因素的变化更加敏感,面对

较高的政策不确定性,更加保守,会减少创新行为。故相对于非国有企业,国有企业在经济政策不确定性增大时,创新行为更为积极。

表5-7 产权性质、经济政策不确定性与企业创新

	(1)	(2)	(3)	(4)	(5)
	RDintTA	RDintIN	lnapply	lniapply	lnudapply
SOE	0.002***	0.001***	−0.163***	−0.103***	−0.123***
	(2.74)	(3.41)	(−3.79)	(−3.05)	(−3.74)
SOE×L. EPU	0.002***	0.001***	0.031***	0.020***	0.025***
	(4.14)	(5.10)	(5.31)	(4.48)	(5.42)
L. EPU	0.001***	0.001**	−0.021***	−0.016***	−0.019***
	(6.75)	(2.15)	(−3.74)	(−3.67)	(−4.16)
L. Size	−0.002***	−0.003***	−0.039***	−0.022***	−0.031***
	(−5.41)	(−4.67)	(−4.01)	(−2.97)	(−3.90)
L. Age	−0.000*	−0.000**	−0.017***	−0.012***	−0.012***
	(−1.73)	(−2.12)	(−6.87)	(−6.17)	(−6.31)
L. Lev	−0.003*	−0.031***	−0.075**	−0.046*	−0.062**
	(−1.77)	(−6.73)	(−2.17)	(−1.70)	(−2.38)
L. ROA	0.048***	−0.001	−0.349	−0.172	−0.350*
	(7.27)	(−0.10)	(−1.55)	(−1.02)	(−1.93)
L. Growth	0.000	0.000	−0.000***	−0.000***	−0.000*
	(0.03)	(0.94)	(−2.61)	(−2.59)	(−1.82)
L. Duality	−0.000	0.002	−0.036	−0.024	−0.036
	(−0.13)	(1.41)	(−1.22)	(−1.09)	(−1.49)
L. Indpt	0.005	0.024**	−0.441*	−0.293*	−0.474**
	(1.03)	(2.54)	(−1.93)	(−1.71)	(−2.48)

续表 5-7

	(1)	(2)	(3)	(4)	(5)
	RDintTA	*RDintIN*	ln*apply*	ln*iapply*	ln*udapply*
L. Share1	−0.002	−0.017***	−0.030	−0.031	−0.006
	(−0.79)	(−4.17)	(−0.29)	(−0.39)	(−0.07)
L. Inster	0.000***	0.000***	0.002*	0.002*	0.001
	(5.81)	(5.91)	(1.66)	(1.83)	(1.40)
L. Mngshare	0.006**	0.021***	0.344**	0.229**	0.330**
	(2.49)	(3.72)	(2.21)	(2.14)	(2.44)
L. ΔGDP	−0.001***	−0.004***	−0.013	−0.017**	−0.005
	(−6.36)	(−10.09)	(−1.25)	(−2.04)	(−0.61)
Industry FE	yes	yes	yes	yes	yes
Province FE	yes	yes	yes	yes	yes
N	21 266	21 266	21 266	21 266	21 266
Adj. R^2	0.291	0.366	0.393	0.357	0.393

3. 稳健性检验

为了保证结果的稳健性,本研究进行了以下稳健性检验:

(1)替换宏观经济变量。经济政策不确定性指数借鉴顾夏铭等(2018)方法,采用算术平均值的方式将月份经济政策不确定性转化成年度经济政策不确定性(*MEPU*),表5-8 Panel A 为回归结果,结果未发生改变。本书还采用 Steven 不确定性指数,Steven 不确定性指数是 Steven 等所构建不确定性指数的方法衡量。对《人民日报》和《光明日报》中有关"财政""货币""证监会""银监会""人民银行""发改委"等关键词进行文本分析,并依据报纸上与经济政策不确定性相关的文章比例,构建了中国经济政策不确定性的月度指数。该指数同时涵盖中央政府层面和地方政府层面的经济政策不确定性,具有良好的连续性和时变性,能够较为准确地衡量经济政策不确定性的中短期变动。表5-8 Panel B 为回归结果,结果未发生改变,即经济政策不确定性与创新显著投入正相关性,与创新产出显著负相关,研究结论未发生改变。具体计算公式为:

$$EPU_q = (3EPU_m + 2EPU_{m-1} + EPU_{m-2})/6/100 \qquad (5-4)$$

$$EPU_t = (4EPU_q + 3EPU_{q-1} + 2EPU_{q-2} + EPU_{q-3})/6/100 \qquad (5-5)$$

其中,m 取值为3、6、9、12。

表5-8 稳健性检验:变换经济政策不确定性变量

Panel A:*MEPU*					
	(1)	(2)	(3)	(4)	(5)
	RDintTA	*RDintIN*	ln*apply*	ln*iapply*	ln*udapply*
L. *MEPU*	0.001***	0.001***	−0.016***	−0.013***	−0.016***
	(8.50)	(3.43)	(−3.77)	(−3.82)	(−4.58)
L. *Size*	−0.001***	−0.001	0.650***	0.631***	0.575***
	(−2.86)	(−1.21)	(24.01)	(23.96)	(21.29)
L. *Age*	−0.000	−0.000***	−0.005	−0.004	−0.004
	(−0.62)	(−3.34)	(−0.96)	(−0.83)	(−0.88)
L. *Lev*	−0.008***	−0.046***	−0.429***	−0.475***	−0.210
	(−5.29)	(−13.75)	(−3.17)	(−3.77)	(−1.55)
L. *ROA*	0.015***	−0.016***	1.407***	1.156***	1.224***
	(7.36)	(−4.06)	(7.92)	(7.08)	(6.77)
L. *Growth*	0.000	0.003***	−0.011	0.024	−0.025
	(0.43)	(4.40)	(−0.46)	(1.08)	(−1.13)

续表 5-8

Panel A: MEPU

	(1)	(2)	(3)	(4)	(5)
	RDintTA	RDintIN	lnapply	lniapply	lnudapply
L. Duality	0.001	0.003*	-0.017	0.019	-0.055
	(0.75)	(1.89)	(-0.32)	(0.35)	(-1.03)
L. Indpt	0.004	0.025***	0.406	0.448	0.551
	(0.75)	(2.63)	(0.95)	(1.06)	(1.32)
L. Share1	0.001	-0.019***	-0.315	-0.480**	-0.099
	(0.43)	(-4.66)	(-1.52)	(-2.50)	(-0.49)
L. Inster	0.017***	0.029***	1.584***	1.727***	1.003***
	(5.15)	(4.35)	(5.82)	(6.58)	(3.58)
L. Mngshare	0.007**	0.026***	0.637***	0.437*	0.512**
	(2.12)	(3.66)	(2.78)	(1.89)	(2.25)
L. ΔGDP	-0.002***	-0.005***	-0.125***	-0.119***	-0.124***
	(-9.71)	(-14.93)	(-7.21)	(-7.21)	(-7.21)
Industry FE	yes	yes	yes	yes	yes
Province FE	yes	yes	yes	yes	yes
N	21 266	21 266	21 266	21 266	21 266
Adj. R^2	0.290	0.365	0.391	0.355	0.392

Panel B: EPUStevent

	(1)	(2)	(3)	(4)	(5)
	RDintTA	RDintIN	lnapply	lniapply	lnudapply
L. EPUStevent	0.002***	0.001***	-0.040***	-0.033***	-0.028***
	(10.35)	(3.70)	(-4.07)	(-4.40)	(-4.22)
L. Size	-0.001***	-0.001	0.651***	0.632***	0.575***
	(-2.81)	(-1.19)	(24.02)	(23.98)	(21.27)

续表5-8

Panel B:*EPUStevent*					
	(1)	(2)	(3)	(4)	(5)
	RDintTA	*RDintIN*	ln*apply*	ln*iapply*	ln*udapply*
L. Age	−0.000	−0.000***	−0.005	−0.004	−0.004
	(−0.58)	(−3.32)	(−0.95)	(−0.81)	(−0.88)
L. Lev	−0.008***	−0.046***	−0.430***	−0.479***	−0.209
	(−5.33)	(−13.76)	(−3.18)	(−3.80)	(−1.54)
L. ROA	0.015***	−0.016***	1.404***	1.152***	1.222***
	(7.32)	(−4.10)	(7.91)	(7.06)	(6.76)
L. Growth	0.000	0.003***	−0.011	0.025	−0.025
	(0.46)	(4.42)	(−0.45)	(1.10)	(−1.13)
L. Duality	0.001	0.003*	−0.017	0.019	−0.055
	(0.77)	(1.89)	(−0.32)	(0.35)	(−1.02)
L. Indpt	0.004	0.025***	0.407	0.449	0.551
	(0.75)	(2.63)	(0.95)	(1.07)	(1.32)
L. Share1	0.001	−0.019***	−0.316	−0.483**	−0.098
	(0.41)	(−4.66)	(−1.52)	(−2.51)	(−0.48)
L. Inster	0.017***	0.029***	1.581***	1.725***	1.000***
	(5.12)	(4.32)	(5.81)	(6.58)	(3.57)
L. Mngshare	0.007**	0.026***	0.638***	0.439*	0.511**
	(2.13)	(3.66)	(2.78)	(1.90)	(2.25)
L. ΔGDP	−0.002***	−0.005***	−0.125***	−0.121***	−0.123***
	(−9.87)	(−14.98)	(−7.22)	(−7.27)	(−7.16)
Industry FE	yes	yes	yes	yes	yes
Province FE	yes	yes	yes	yes	yes
N	21 266	21 266	21 266	21 266	21 266
Adj. R^2	0.290	0.365	0.391	0.355	0.392

（2）变换模型

1）Tobit 模型。本书借鉴潘越等（2015）和江轩宇（2016），对创新采用 Tobit 回归，因为创新投入和产出是以 0 为下限的截尾变量，故而采用 Tobit 模型进行估计。表5-9 为经济政策不确定性与企业技术创新关系的检验，表5-10 为机制检验。结果显示，表5-9 第（1）—（4）列，无论对创新投入还是创新产出，经济政策不确定性（EPU）估计系数显著为正，再次证实了经济政策不确定性与企业技术创新的正相关性。表5-10 第（1）—（3）列，交互项系数均在1%水平上显著为负，研究结论未发生改变。

表5-9　Tobit 回归

	（1） RDintIN	（2） lnapply	（3） lniapply	（4） lnudapply
L. EPU	0.001***	−0.056**	−0.053**	−0.133***
	（3.77）	（−2.19）	（−2.46）	（−3.89）
L. Size	−0.001**	0.690***	0.707***	0.658***
	（−2.03）	（44.75）	（44.70）	（38.41）
L. Age	−0.000***	−0.006**	−0.007**	−0.006*
	（−5.91）	（−2.04）	（−2.11）	（−1.84）
L. Lev	−0.047***	−0.495***	−0.577***	−0.284***
	（−24.34）	（−5.60）	（−6.37）	（−2.88）
L. ROA	−0.015***	1.491***	1.348***	1.392***
	（−4.78）	（10.24）	（8.99）	（8.54）
L. Growth	0.003***	−0.017	0.022	−0.030
	（6.46）	（−0.94）	（1.17）	（−1.49）

131

续表 5-9

	（1）	（2）	（3）	（4）
	RDintIN	ln*apply*	ln*iapply*	ln*udapply*
L. *Duality*	0.003***	−0.024	0.021	−0.087**
	（3.18）	（−0.63）	（0.54）	（−2.05）
L. *Indpt*	0.026***	0.401	0.406	0.629**
	（4.27）	（1.47）	（1.45）	（2.08）
L. *Share*1	−0.020***	−0.341***	−0.592***	−0.116
	（−8.47）	（−3.26）	（−5.52）	（−1.00）
L. *Inster*	0.030***	1.681***	1.914***	1.141***
	（6.95）	（8.63）	（9.63）	（5.27）
L. *Mngshare*	0.026***	0.672***	0.488***	0.634***
	（7.79）	（4.45）	（3.16）	（3.78）
L. ΔGDP	−0.005***	−0.136***	−0.143***	−0.157***
	（−18.79）	（−10.08）	（−10.36）	（−10.44）
Se	0.031***	1.394***	1.411***	1.524***
	（140.75）	（130.94）	（124.61）	（121.56）
Cons	0.044***	−13.399***	−14.429***	−13.790***
	（5.74）	（−38.39）	（−40.14）	（−35.43）
Year	yes	yes	yes	yes
Industry	yes	yes	yes	yes
Province	yes	yes	yes	yes
N	21266	21266	21266	21266
Pseudo−R^2	0.129	0.124	0.113	0.124

表 5-10 Tobit 回归机制检验

	（1）	（2）	（3）
	ln$apply$	ln$iapply$	ln$udapply$
$RDintIN$	14.431***	13.103***	13.962***
	(6.84)	(7.44)	(5.14)
$RDintIN×L.EPU$	-2.231***	-1.837***	-2.244***
	(-5.07)	(-5.00)	(-3.84)
$L.EPU$	0.058**	0.036	0.094***
	(2.34)	(1.48)	(3.30)
$L.Size$	0.642***	0.658***	0.633***
	(39.14)	(41.15)	(33.46)
$L.Age$	-0.020***	-0.015***	-0.026***
	(-6.16)	(-4.64)	(-6.87)
$L.Lev$	0.211**	0.170*	0.380***
	(2.14)	(1.77)	(3.33)
$L.ROA$	1.687***	1.661***	1.432***
	(10.41)	(10.48)	(7.62)
$L.Growth$	-0.130***	-0.093***	-0.123***
	(-6.64)	(-4.89)	(-5.42)
$L.Duality$	-0.012	0.040	-0.077
	(-0.28)	(0.98)	(-1.58)
$L.Indpt$	0.122	0.020	0.482
	(0.40)	(0.07)	(1.38)
$L.Share1$	-0.302***	-0.506***	-0.096
	(-2.60)	(-4.47)	(-0.72)

续表 5-10

	（1）	（2）	（3）
	ln*apply*	ln*iapply*	ln*udapply*
L. Inster	1.046***	1.394***	0.309
	（4.84）	（6.65）	（1.24）
L. Mngshare	0.460***	0.257	0.450**
	（2.72）	（1.56）	（2.31）
L. ΔGDP	−10.908***	−12.265***	−10.888***
	（−26.32）	（−30.41）	（−22.77）
Se	1.573***	1.514***	1.793***
	（130.67）	（124.27）	（120.82）
Cons	−11.718***	−12.967***	−12.368***
	（−34.30）	（−38.91）	（−31.33）
Year	yes	yes	yes
Industry	yes	yes	yes
Province	yes	yes	yes
Pseudo−R^2	0.064	0.077	0.046

2）Change 模型。借鉴李姝等（2018）采用 Change 模型再次检验经济政策不确定性对创新的影响。表5-11 为 Change 模型的回归结果，分别以技术创新投入的变化量和创新产出专利变化量作为因变量，经济政策不确定性（*EPU*）的估计系数在 10% 的水平上显著为正，再次印证了前文的结论。

表5-11 Change 模型回归结果

	(1)	(2)	(3)	(4)	(5)
	D. RDintTA	D. RDintIN	D. lnapply	D. lniapply	D. lnudapply
D. EPU	0.000 *	0.000 * *	0.021 *	0.018 *	0.032 * * *
	(1.96)	(2.04)	(1.87)	(1.76)	(2.75)
D. Size	−0.007 * * *	−0.004 * * *	0.480 * * *	0.422 * * *	0.474 * * *
	(−10.13)	(−2.93)	(8.25)	(7.44)	(8.91)
D. Age	0.000	0.000	0.321 * * *	0.339 * * *	0.267 * * *
	(0.27)	(0.10)	(3.57)	(3.36)	(2.84)
D. Lev	−0.000	−0.011 * * *	−0.011	−0.075	0.101
	(−0.06)	(−3.91)	(−0.08)	(−0.55)	(0.68)
D. ROA	0.002	−0.018 * * *	−0.082	−0.093	−0.119
	(1.49)	(−6.78)	(−0.63)	(−0.93)	(−0.88)
D. Growth	−0.000	0.000	−0.001	−0.000	−0.002
	(−0.20)	(0.43)	(−0.07)	(−0.02)	(−0.12)
D. Duality	−0.001	0.000	−0.003	0.007	0.008
	(−1.31)	(0.47)	(−0.06)	(0.17)	(0.16)
D. Indpt	−0.004	−0.001	0.422	0.723 * *	−0.098
	(−1.59)	(−0.20)	(1.28)	(2.39)	(−0.28)
D. Share1	0.008 * * *	0.001	−0.105	−0.108	−0.041
	(2.59)	(0.09)	(−0.31)	(−0.36)	(−0.13)
D. Inster	−0.003 * *	−0.006	−0.209	−0.432 * *	−0.005
	(−1.96)	(−1.64)	(−1.10)	(−2.53)	(−0.03)
D. Mngshare	0.004	−0.004	0.058	0.148	−0.194
	(1.37)	(−0.77)	(0.25)	(0.64)	(−0.79)
Cons	0.001	0.001	−0.154	−0.248 * *	−0.179
	(0.45)	(0.18)	(−1.31)	(−2.13)	(−1.53)
Year	yes	yes	yes	yes	yes
Industry	yes	yes	yes	yes	yes
Province	yes	yes	yes	yes	yes
N	16 460	16 460	16 460	16 460	16 460
Adj. R^2	0.055	0.021	0.018	0.018	0.016

第三节 企业技术创新的动机差异分析

一、基于代理成本的企业技术创新动机差异分析

本书在理论分析中提出管理层动机不同,面对外部经济政策的不确定性企业创新绩效会不同,即管理层或出于代理动机或出于效率动机,在经济政策不确定性增大时加大创新力度。为了进一步证实其内在机制,沿袭前文逻辑,如果代理动机成立,那么在不同代理程度的企业中经济政策不确定性对创新的影响应该存在差异。因此,本书从公司治理的代理成本和内部控制等角度进行分析并进行检验,为内在理论逻辑进一步提供可靠的经验证据。

所有权与经营权的分离导致代理问题的产生(Jensen & Meckling,1976),而代理问题直接影响着企业创新的投入和产出。就创新活动而言,一方面由于创新自身的周期长、风险大和收益不确定性高等特征,使其活动充满风险,需要更高的失败容忍度(Tian & Wang,2014),而高代理成本企业管理层机会主义动机更强,更注重短期利益,以损害企业长期发展为代价,如在职消费、营造商业帝国以及掏空(Jensen & Meckling,1976)等行为,对失败容忍度较低,致使其创新动力不足。另一方面,研发活动研究阶段费用化和有条件的资本化的会计处理方式,赋予了管理层更多自由裁量权,为其提供了更为便利的操作空间。因此,高管为了自身利益最大化,存在进行策略性调整创新投入以获得短期高回报的可能(周铭山,等,2017)。

就经济政策不确定性而言,经济政策不确定性越高,公司代理问题越严重(王红建,等,2014),因为随着经济政策不确定性的增大,对管理层行为预测与监督的难度增大,导致管理层出于机会主义动机而操控研发活动。刘

胜强等(2015)研究发现,代理成本导致企业 R&D 投资过度行为。因此,高代理成本企业的管理者更多从自身利益出发进行决策,盈余动机更强,经济政策不确定性增大导致企业经营风险增大,加上外部监管难度增大,这些因素导致高代理成本企业的管理者更加关注其短期利益,而非企业长期发展,因此高代理成本企业代理动机显著。

　　根据已有文献,将在职消费作为代理成本的代理变量,即在职消费代理变量的计量,从管理费用中将办公费、差旅费、招待费、通信费、出国费、董事会费、小车费、车辆费、会议费等作为在职消费,并按照其中位数进行分组,高于中位数为高代理成本组,低于中位数为低代理成本组,并根据模型 5-2 进行分组回归。表 5-12 为经济政策不确定性对创新投入产出率的分组回归结果,被解释变量分别为专利申请总数、发明专利和非发明专利总数。由表 5-12 回归结果可以看出,申请专利总数、发明专利和非发明专利,在高代理成本组和低代理成本组中,创新投入与经济政策不确定性交乘项($RDintIN \times EPU$)估计系数均在 1% 水平上显著负相关,但是组间差异检验 P 值分别为:0.001、0.004 和 0.003,说明在高代理成本和低代理成本组,两者存在显著差异。这说明在高代理成本企业中,经济政策不确定性越大,创新投入越多,创新产出反而越低,即更低的创新投入产出率。再次论证了,管理层在经济政策不确定性增大时进行创新是出于代理动机,并非真是提升企业未来竞争力而创新。

表 5-12　代理成本、经济政策不确定性与创新投入产出率

	ln*apply*		ln*iapply*		ln*udapply*	
	(1)	(2)	(3)	(4)	(5)	(6)
	高代理	低代理	高代理	低代理	高代理	低代理
RDintIN	1.716***	4.838***	1.602***	4.120***	0.902*	2.961***
	(2.69)	(5.32)	(3.01)	(5.69)	(1.96)	(4.07)

续表 5-12

	lnapply		lniapply		lnudapply	
	(1)	(2)	(3)	(4)	(5)	(6)
	高代理	低代理	高代理	低代理	高代理	低代理
RDintIN×	-0.321***	-0.637***	-0.267***	-0.486***	-0.198***	-0.486***
L. EPU	(-3.50)	(-4.89)	(-3.43)	(-4.57)	(-3.15)	(-4.76)
L. EPU	0.009	0.025***	0.006	0.019***	0.002	0.015**
	(1.54)	(2.75)	(1.27)	(2.68)	(0.50)	(2.05)
L. Size	0.688***	0.654***	0.651***	0.650***	0.614***	0.575***
	(19.80)	(18.84)	(19.97)	(18.72)	(17.04)	(16.55)
L. Age	-0.006	0.005	-0.001	0.004	-0.009	0.006
	(-1.00)	(0.80)	(-0.12)	(0.62)	(-1.52)	(0.88)
L. Lev	0.130	-0.049	0.295*	-0.154	0.087	0.093
	(0.78)	(-0.25)	(1.88)	(-0.86)	(0.52)	(0.48)
L. ROA	1.557***	1.529***	1.573***	1.181***	1.201***	1.318***
	(7.10)	(6.00)	(7.99)	(5.11)	(5.34)	(5.01)
L. Growth	-0.051*	-0.010	-0.025	0.022	-0.054**	-0.010
	(-1.87)	(-0.31)	(-0.95)	(0.76)	(-2.08)	(-0.31)
L. Duality	0.019	-0.113	0.068	-0.106	-0.043	-0.107
	(0.31)	(-1.53)	(1.18)	(-1.38)	(-0.63)	(-1.49)
L. Indpt	-0.457	1.153*	-0.278	0.962*	-0.209	1.297**
	(-0.90)	(1.92)	(-0.54)	(1.72)	(-0.45)	(2.11)
L. Share1	-0.061	-0.350	-0.269	-0.412	0.206	-0.241
	(-0.26)	(-1.23)	(-1.22)	(-1.62)	(0.87)	(-0.86)
L. Inster	1.541***	0.748**	1.541***	0.902***	1.064***	0.345
	(4.93)	(1.96)	(5.00)	(2.59)	(3.22)	(0.88)

续表 5-12

	lnapply		lniapply		lnudapply	
	(1)	(2)	(3)	(4)	(5)	(6)
	高代理	低代理	高代理	低代理	高代理	低代理
L. Mngshare	0.391	0.349	0.034	0.282	0.491*	0.122
	(1.50)	(1.01)	(0.14)	(0.79)	(1.77)	(0.35)
L. ΔGDP	−0.050**	−0.046*	−0.015	−0.050**	−0.093***	−0.055**
	(−2.26)	(−1.87)	(−0.67)	(−2.15)	(−3.96)	(−2.22)
Industry FE	yes	yes	yes	yes	yes	yes
Province FE	yes	yes	yes	yes	yes	yes
N	11 551	9 715	11 551	9 715	11 551	9 715
Adj. R²	0.453	0.433	0.422	0.422	0.438	0.415
组间交互项系数差异检验（P 值）	0.001		0.004		0.003	

二、基于内部控制的企业技术创新动机差异分析

内部控制作为企业重要的内部治理机制,已成为提高公司治理水平的重要手段之一。自 2002 年塞班斯法案(SOX 法案)颁布之后,我国 2008 和 2010 年相继颁布了《内部控制基本规范》和《内部控制指引》明确了内部控制的目标,即合理保证企业经营管理合法合规、资产安全;合理保证财务报告信息的真实和完整;提高企业经营效率和效果。而创新作为企业经营效率的重要表现,必然受到内部控制的影响。马永强和路媛媛(2019)研究发现高质量的内部控制可以通过降低内部代理成本和增进创新信息传递两个渠道,提升企业创新绩效。因此,基于代理动机下的经济政策不确定性对创

新的影响,在低内部控制组更加显著。本书依据迪博内部控制指数,并根据其中位数进行分组,高于中位数为高内控质量组,低于中位数为低内控质量组,分组检验其内在机制。

表5-13为按照内部控制分组检验经济政策不确定性下创新投入产出率。由回归结果可以看出,申请专利总数、发明专利和非发明专利在低内部控制组中,创新投入与经济政策不确定性交乘项($RDintIN \times EPU$)估计系数均在1%水平上显著负相关,高内部控制组不显著。这说明低内部控制企业,在经济政策不确定性增大时加大创新投入,导致了更低的创新投入产出率。这是因为在低内部控制质量的企业中,由于制度的不完善,致使对管理层自利行为的约束程度较低,代理行为更加严重,管理层借助经济政策不确定性增大的外界环境变化,通过创新行为来掩盖其真实创新动机,不仅可以满足其机会主义行为,同时也向外界传递出"创新型"企业的信号。该结果进一步证实了管理层在经济政策不确定性增大时进行创新是出于代理动机的机制。

表5-13　内控质量、经济政策不确定性与创新投入产出率

	lnapply		lniapply		lnudapply	
	高内控	低内控	高内控	低内控	高内控	低内控
RDintIN	8.463***	8.221***	11.569***	9.691***	3.099**	4.643***
	(5.92)	(6.73)	(7.87)	(8.22)	(2.06)	(4.08)
RDintIN× EPU	−0.840	−1.382***	−0.902	−1.205***	−0.469	−1.099***
	(−1.33)	(−3.54)	(−1.38)	(−3.11)	(−0.83)	(−2.95)
EPU	0.086***	0.064**	0.065**	0.026	0.098***	0.086***
	(2.76)	(2.53)	(2.17)	(1.12)	(3.29)	(3.48)
Size	0.609***	0.631***	0.618***	0.605***	0.533***	0.539***
	(17.27)	(19.81)	(17.62)	(20.65)	(14.82)	(17.07)

续表 5-13

	lnapply		lniapply		lnudapply	
	高内控	低内控	高内控	低内控	高内控	低内控
Age	0.001	−0.008	−0.000	−0.003	−0.001	−0.011**
	(0.13)	(−1.47)	(−0.02)	(−0.60)	(−0.09)	(−2.05)
Lev	−0.041	0.008	−0.029	0.064	0.006	0.113
	(−0.21)	(0.05)	(−0.16)	(0.45)	(0.03)	(0.75)
ROA	2.479***	1.196***	2.012***	1.142***	2.261***	0.984***
	(6.06)	(6.55)	(5.11)	(7.25)	(5.14)	(5.42)
Growth	−0.074**	−0.006	−0.037	0.019	−0.077**	−0.012
	(−2.28)	(−0.19)	(−1.20)	(0.73)	(−2.46)	(−0.44)
Duality	0.029	−0.100*	0.052	−0.060	−0.008	−0.127**
	(0.43)	(−1.75)	(0.74)	(−1.10)	(−0.10)	(−2.16)
Indpt	0.689	−0.244	0.466	−0.087	1.044*	−0.168
	(1.22)	(−0.53)	(0.81)	(−0.20)	(1.82)	(−0.37)
Share1	−0.132	−0.241	−0.204	−0.443**	−0.018	−0.016
	(−0.50)	(−1.17)	(−0.84)	(−2.32)	(−0.07)	(−0.08)
Inster	0.937***	1.804***	1.149***	1.812***	0.552	1.331***
	(2.82)	(4.98)	(3.60)	(5.38)	(1.58)	(3.64)
Mngshare	0.159	0.446*	−0.050	0.236	0.208	0.277
	(0.50)	(1.80)	(−0.16)	(0.95)	(0.62)	(1.17)
ΔGDP	−0.119***	−0.070***	−0.105***	−0.034*	−0.141***	−0.094***
	(−5.11)	(−3.10)	(−4.58)	(−1.66)	(−5.93)	(−4.12)
Industry FE	yes	yes	yes	yes	yes	yes
Province FE	yes	yes	yes	yes	yes	yes
N	10 633	10 633	10 633	10 633	10 633	10 633
Adj. R^2	0.416	0.397	0.395	0.372	0.412	0.384
组间交互项系数差异检验（P 值）	0.042		0.034		0.023	

第四节　经济政策不确定性下技术创新
对企业价值的影响

前文通过创新投入产出率的检验证实了管理层出于代理动机,在经济政策不确定性增大时进行创新,但并非真正提升企业创新价值。为了进一步证实,经济政策不确定性下企业创新的真实目的,本小节试图通过对企业价值的检验,对前文结论给出更为可靠的支持。

依据模型5-2,被解释变量为企业价值,用 *TobinQ* 来表征,其余变量同前文。重点关注研发投入与经济政策不确定性的交互项。表5-14 为回归结果,从结果中可以看出,创新投入与经济政策不确定性的交互项系数均在1%水平上显著为负。这说明经济政策不确定越高时,增加研发投入并未提升企业价值,反而降低了企业价值。该结论再次证实管理层出于代理动机,在经济政策不确定上升时进行创新,并非真正为股东谋求更大利益。

表5-14　经济政策不确定性、创新投入与企业价值

	(1)	(2)
	F. TobinQ	*F. TobinQ*
RDintTA	13.349***	
	(4.84)	
*RDintTA * EPU*	−3.084***	
	(−3.36)	
RDintIN		11.819***
		(9.16)
*RDintIN * EPU*		−3.043***
		(−7.64)

续表 5-14

	(1)	(2)
	F. TobinQ	F. TobinQ
EPU	−0.297***	−0.238***
	(−13.98)	(−12.06)
Size	−0.729***	−0.727***
	(−22.39)	(−22.76)
Age	0.009*	0.013**
	(1.76)	(2.35)
Lev	−1.744***	−1.553***
	(−9.99)	(−9.03)
ROA	0.953***	1.204***
	(4.43)	(5.51)
Growth	0.065***	0.049**
	(2.94)	(2.23)
Duality	0.023	0.013
	(0.42)	(0.25)
Indpt	1.475***	1.388***
	(3.91)	(3.67)
Share1	0.874***	0.973***
	(5.38)	(6.07)
Inster	2.742***	2.646***
	(9.44)	(9.24)
Mngshare	0.528**	0.464*
	(2.01)	(1.80)
ΔGDP	−0.317***	−0.292***
	(−15.57)	(−14.30)
Industry FE	yes	yes
Province FE	yes	yes
N	21 266	21 266
Adj. R^2	0.448	0.457

第五节　经济政策不确定性下的企业创新可持续性

前文证实经济政策不确定性短期促进了创新,但是基于管理层代理动机,并未提升企业创新效率。因为创新是一个长期过程,需要企业资金持续的供给,那么长期来看,经济政策不确定性对创新可持续发展起到什么作用?

第一,在产品市场上,经济政策不确定性降低了企业创新投入自有资金的供给。经济政策不确定性增大导致未来市场需求难以准确预测,在经营杠杆的作用下,企业经营风险增大,致使企业未来收益不确定性增大。而研发活动因为其长期性和不确定性的特征,更容易受到融资约束,因此,内部资金是企业创新活动的主要资金来源(Hall,2002)。而由经济政策不确定性导致的企业未来收益不确定性的上升,降低了研发投入自有资金的供给,最终影响创新可持续性增长。

第二,在金融市场上,经济政策不确定性降低了创新投入外部资金的可得性。研发项目由于具有较高的信息不对称性和高风险性,普遍存在外源融资不足的现象,创新活动资金较难得到有效保障(Hall & Lemer,2010)。而经济政策不确定性加大了金融机构对创新项目未来获利能力评估和监管的难度,金融机构出于规避风险的目的更加"惜贷",通过降低创新项目贷款额度或提升创新项目融资成本以对冲其风险(Gulen & Ion,2016)。因此,经济政策不确定性抑制了创新投入外部资金的供给,加剧了企业的融资约束程度,进而影响创新可持续性增长。

本书借鉴 Bhattacharya et al. (2017)方法,将创新投入和创新产出增长率对经济政策不确定性回归,以检验经济政策不确定性对创新可持续性发展的影响。模型同前章节,设计如下:

$$\Delta Innovation_{it+1} = \alpha_0 + \alpha_1 EPU_t + \alpha_2 Control + IndustryFE + ProvinceFE + \varepsilon_{it}$$

$$(5-3)$$

其中,被解释变量企业技术创新的可持续性($\Delta Innovation$),用创新投入和创新产出的增长率表示,创新投入增长率(ΔRD)为 ln(本期研发投入/上期研发投入),创新产出增长率分别用申请专利增长率($\Delta apply$)、发明专利增长率($\Delta iapply$)、实用新型专利增长率($\Delta uapply$)和授权发明专利增长率($\Delta dapply$)表示,即 ln(本期专利/上期专利)。其他变量定义同前文。

表 5-15 为回归结果,其中,第(1)列被解释变量为研发投入增长率(ΔRD),第(2)—(5)列为申请专利总数、发明专利、实用新型专利和外观设计专利增长率。从回归结果可以看出,经济政策不确定性与创新增长除外观设计不显著外,其余均在 1% 水平上显著负相关。这说明经济政策不确定性抑制了创新可持续发展。这可能是因为长期来看,经济政策不确定性增大了市场风险,导致现金流不确定性增大,影响了创新长期发展的资金供给,同时也影响了企业创新动力(Bhattacharya et al.,2017)。该结果说明了经济政策不确定性长期来看抑制了企业创新可持续性发展。

表 5-15　经济政策不确定性与创新可持续性

	(1)	(2)	(3)	(4)	(5)
	F. ΔRD	F. $\Delta apply$	F. $\Delta iapply$	F. $\Delta uapply$	F. $\Delta dapply$
L. EPU	−0.016***	−0.083***	−0.079***	−0.074***	−0.027
	(−2.64)	(−7.63)	(−6.78)	(−6.01)	(−1.13)
L. Size	−0.019***	0.003	−0.008	−0.001	0.038**
	(−2.93)	(0.36)	(−0.93)	(−0.14)	(2.26)
L. Age	0.000	−0.001	−0.001	0.001	0.003
	(0.06)	(−0.84)	(−0.61)	(0.63)	(0.98)

续表 5-15

	(1)	(2)	(3)	(4)	(5)
	F. ΔRD	*F. Δapply*	*F. Δiapply*	*F. Δuapply*	*F. Δdapply*
L. Lev	0.106 ***	0.084 *	0.103 **	0.140 ***	−0.108
	(2.74)	(1.77)	(2.01)	(2.63)	(−1.06)
L. ROA	0.368 ***	0.417 ***	0.435 ***	0.450 ***	0.264
	(4.16)	(3.80)	(4.13)	(4.05)	(1.18)
L. Growth	0.026 **	0.001	−0.002	−0.004	−0.007
	(2.54)	(0.08)	(−0.18)	(−0.27)	(−0.25)
L. Duality	0.012	−0.034 *	−0.031	0.001	−0.011
	(0.75)	(−1.72)	(−1.40)	(0.03)	(−0.29)
L. Indpt	0.038	−0.118	−0.248	−0.164	0.493 *
	(0.37)	(−0.78)	(−1.56)	(−1.01)	(1.65)
L. Share1	−0.063	−0.054	−0.049	0.053	0.028
	(−1.48)	(−1.04)	(−0.85)	(0.89)	(0.25)
L. Inster	0.476 ***	0.216 *	0.282 **	0.204	0.141
	(5.61)	(1.92)	(2.37)	(1.54)	(0.64)
L. Mngshare	−0.098 *	0.161 **	0.206 **	0.118	0.180
	(−1.95)	(2.09)	(2.35)	(1.31)	(1.17)
L. ΔGDP	0.048 ***	0.010	0.004	0.024 ***	0.007
	(7.34)	(1.35)	(0.45)	(2.89)	(0.45)
Industry FE	yes	yes	yes	yes	yes
Province FE	yes	yes	yes	yes	yes
N	17 869	17 869	17 869	17 869	17 869
Adj. R^2	0.012	0.010	0.012	0.009	0.003

小　结

当今国内外经济形势日益复杂,而作为转型新兴经济体的中国,宏观政策的多变性日益凸显,导致经济政策的不确定性逐渐增大,并对微观企业行为产生了重大影响(饶品贵,等,2017)。本章从市场机制和管理层动机出发,分析了经济政策不确定性对创新的影响及其内在机制,主要研究结论如下:

第一,经济政策不确定性短期来看提升了创新投入,但是抑制了创新产出,且该现象在国有企业中更加显著。这一结论说明,相对于非国有企业,国有企业受市场因素的影响较小,更多基于管理层意愿进行创新。

第二,管理层出于代理动机,在经济政策不确定性增大时进行创新。通过对创新产出和创新投入产出率的检验,发现经济政策不确定越大,创新投入多的企业,创新产出更少。在经济政策不确定性增大时,管理层进行策略性创新,虽然表面上看提升了创新投入,促进了创新,但实际上并未提高创新效率,表现为代理动机。本书进一步对不同程度的代理成本和内部控制质量进行分组,以检验其内在机制,证实了在高代理成本企业和低内控企业中,经济政策不确定性越高其创新投入产出率越低。

第三,长期来看,经济政策不确定性抑制了创新可持续发展。通过对经济政策不确定性对创新增长率的影响检验,发现经济政策不确定性显著抑制了创新增长。为了进一步检验代理动机的存在,检验经济政策不确定性下创新投入对企业价值的影响,研究发现企业价值并未得到提升。该结论说明,经济政策不确定性越大,无论从长期还是短期来看,均不利于企业创新。

创新是企业提升未来竞争力的重要动力,经济政策作为其重要的外部运行保障机制,应该尽量降低其不确定性,这样有助于降低创新信息不对称程度,抑制企业策略式创新行为,端正创新动机,切实提升企业未来竞争力,促进企业长期发展。

第六章

宏观经济变动对创新影响的经济后果——基于政府补贴和分析师跟踪的视角

第四章和第五章分别从宏观经济整体变动的两个维度,即可预测性的经济周期和不可预测性的经济政策不确定性,分别检验了其对创新的影响机制及其作用路径,并证实了经济发展强化了企业短视行为,进而将更多资本配置到非创新领域,对创新产生了挤出效应,故创新表现为逆周期性;经济政策不确定性增大了创新信息的不对称程度,致使管理层出于代理动机进行策略式创新。本章遵循前文理论逻辑,试图从该行为后果方面进一步论证其内在机制,即从政府资源配置角度,检验政府在创新逆周期中是否发挥了积极的引导作用;从信息中介角度,检验在经济政策不确定性增大时进行创新,分析师是否发挥了缓解创新信息不对称的作用。

创新活动是企业长期投资的重要组成部分,被认为是促进企业发展与经济增长的重要动力,决定着企业长期竞争力水平(Tian & Wang,2014)。尤其是当外部宏观经济发展向好,产品市场需求旺盛,金融市场资金充沛,企业经营风险降低,这为企业创新提供了良好的发展环境。但是前文证实,我国企业创新表现为逆周期性,这是因为良好的经营环境,让企业更加短视,不愿意进行周期长、风险大和收益不确定性的创新活动。那么,作为引导和推动企业创新的政府部门,对创新的逆周期性持有何种态度? 也就是说政府部门在企业创新的短视行为中起到了什么作用? 是促进还是抑制了企业的短视行为？

自 2008 年金融危机以来，一方面受世界经济发展低迷的影响，另一方面中国在长期高速发展下所隐藏的各种"症结"也日益显现，因此，政府频繁出台各种政策刺激经济增长，在推动经济增长的同时也加大了政策的不确定性（饶品贵，等，2017）。经济政策不确定性的增大，进一步增加了创新的信息不对称程度，基于前文理论分析，管理层出于代理动机而进行创新，那么随着信息不对称程度的进一步加大，对于扮演信息解读者的分析师而言又会产生什么影响？

因此，本章遵循第四章和第五章的理论分析逻辑，试图从政府补助的角度进一步分析和检验创新逆周期的内在机制，从信息中介分析师的角度进一步分析和检验经济政策不确定性是否提升了创新信息不对称程度的内在机制。因此，本章试图回答：①政府在经济发展繁荣期是否起到了激励企业创新的作用？②经济政策不确定性增大了创新的信息不对称程度，分析师是否发挥了缓解创新信息不对称的作用？

第一节　政府补贴视角下经济周期波动对企业技术创新影响分析

一、理论分析

政府补助作为调控宏观经济发展的重要财政手段，具有引导企业创新，缓解创新知识外溢性，保护创新积极性的作用。由于创新活动投入成本高（如资产专有性沉没成本，维持和培养创新人才成本）、周期长和正外部性等特征，一旦创新技术外溢，企业被模仿的风险增大，致使创新活动的私人边际收益率低于社会边际收益率（郭玥，2018），损失了未来可获取的收益，因此,企业创新动力常常不足。为了保护企业创新积极性,推动经济发展,各国均实施相关创新支持政策(Dosi et al.,2006)。政府部门开始干预创新活动,并通过各种行业政策、财政政策手段来保证资源的有效配置,进而促进企业创新(Kang & Park,2012)。政府补贴是政府支持企业创新的方式之一,由此可见,政府补助政策的职能之一就是引导企业创新。

创新作为企业一项长期投资,不仅影响着企业短期利益,还影响着企业未来收益,更多体现了管理层意愿(周铭山,等,2017)。管理层或出于提升未来竞争力而创新,或出于利己主义动机进行创新。如为了获取更多的税收优惠或政府补助进行"寻扶持"的创新动机(黎文靖和郑曼妮,2016;杨国超,等,2017)。作为理性的企业而言,无论其创新的真实目的是什么,在有限资源的约束条件下,出于资本逐利动机(Biddle et al.,2001),企业都愿意为自身争取更多政府资源,因此企业会通过释放创新信号这一途径,获取政府支持。因为创新活动具有较高的信息不对称性(Hall & Lerner,2010),尤其是当企业和政策制定者之间存在信息不对称时,政策制定者对企业创新情况缺乏了解,因此需要观察企业的创新行为而做出决定,企业为了获取创新补贴,会释放创新信号(安同良,等,2009)。周铭山等(2017)发现创业板上市公司通过加大创新投入,释放创新信号引起更多投资者关注。因此,创新活动作为信号机制,向政府释放企业创新意愿的信息,引起政府部门关注,以便获取更多的政府补助。由此可见,政府补贴是政府和企业创新行为之间博弈的结果。

从财政支持角度来看,当宏观经济发展形势良好,产品市场需求旺盛,企业运营顺畅,盈利能力强,国家财政税收充裕,政府财政压力较小,有更充裕的资金支持企业发展。

因此,在政府补贴职能导向、企业创新意愿和财政资金供给三方面的共同作用下,创新作为信号机制,有助于获取更多的政府补助,或者说政府会将更多的政府补贴配置到创新强的企业中去。故提出,经济发展形势越好,创新性强的企业获得政府补助越多。

二、实证检验

(一)样本选择与数据来源

本章选取 2007—2021 年所有披露 R&D 投资的 A 股上市公司为研究样本,并剔除①金融类公司;②上市年限不足 1 年的公司;③资产负债率小于零和大于 1 的公司;④各变量不全的公司。为消除极端值的影响,对连续型变量按 1% 水平进行了 winsorize 处理。R&D 数据和政府补助数据来自 Wind 数据库,分析师预测、财务数据和公司治理数据来自国泰安(CSMAR)数据库。

(二)模型设定

为了研究经济增长和创新对政府补助的获取情况,采用固定效应 OLS 模型,设计如下:

$$\text{Ln}Sub_{it+1} = \alpha_0 + \alpha_1 \Delta GDP_t + \alpha_2 Innovaton_{it} + \alpha_3 \Delta GDP_t \times Innovaton_{it}$$
$$+ \alpha_4 Size_{it} + \alpha_5 Age_{it} + \alpha_6 Lev_{it} + \alpha_7 ROA_{it} + \alpha_8 Growth_{it}$$
$$+ \alpha_9 Dual_{it} + \alpha_{10} Indpen_{it} + \alpha_{11} INS_{it} + \alpha_{12} Share1_{it}$$
$$+ \alpha_{13} Excuhldr_{it} + YearFE + IndustryFE + Provinece + \varepsilon_{it}$$

$$(6-1)$$

其中,被解释变为政府补助($\ln Sub$),解释变量为经济增长率(ΔGDP)、创新投入和创新产出($Innovation$),具体定义见表 6-1。为了缓解内生性问题,对被解释变量取 $t+1$ 期。

为了研究经济政策不确定性下,企业创新对分析师跟踪的影响(假设6-2),借鉴 Hope(2003)、何熙琼和尹长萍(2018)、褚剑等(2019),模型设计如下:

$$LnAnalysts_{it+1} = \alpha_0 + \alpha_1 EPU_t + \alpha_2 Innovation_{it} + \alpha_3 EPU_t * Innovation_{it}$$
$$+ \alpha_4 Size_{it} + \alpha_5 Age_{it} + \alpha_6 Lev_{it} + \alpha_7 ROA_{it} + \alpha_8 Growth_{it}$$
$$+ \alpha_9 Indpen_{it} + \alpha_{10} INS_{it} + \alpha_{11} Share1_{it} + \alpha_{12} Excuhldr_{it}$$
$$+ YearFE + IndustryFE + ProvineceFE + \varepsilon_{it}$$

$$(6-2)$$

其中,被解释变量为分析师关注度,采用分析师跟踪人数和券商人数加1,取对数;解释变量为经济政策不确定性、创新投入和产出。为了缓解内生性问题,对被解释变量取 $t+1$ 期。

(三)变量定义

1. 被解释变量

模型6-1被解释变量为政府补助,参照步丹璐和王晓燕(2014),取政府补助自然对数。模型6-2被解释变量为分析师跟踪,参照褚剑等(2019)采用分析师人数、券商人数加1,取自然对数。

2. 解释变量

模型6-1解释变量为经济周期、创新投入和创新产出。经济周期采用国内生产总值增长率表示,并采用H-P滤波处理,以衡量宏观经济周期。创新投入为研发支出/总资产来表示,创新产出为申请专利总量、发明专利和非发明专利(实用新型专利和外观设计专利之和)加1,取自然对数。重点关注的是经济增长率与创新投入、产出的交乘项。模型6-2解释变量为经济政策不确定性(EPU)、创新投入和创新产出。关于经济政策不确定性,本书采用Baker et al. (2016)不确定性指数衡量,具体含义如前文所示,本书用月度经济政策不确定性的几何平均值/100进行衡量,月度经济政策不确定指数的算数平均值/100进行稳健性检验。创新投入和创新产出定义同上文。

3. 控制变量

控制变量与前述章节保持一致,包括公司特征变量:企业规模($Size$),公司年龄(Age)、资产负债率(Lev)、资产收益率(ROA)、成长性($Growth$)。公司治理变量:两职合一($Dual$)、独立董事规模($Indep$)、机构持股(InS)、第一大股东持股比例($Share1$)、管理层持股比例($Excuhldr$)等。另外,控制年份($Year$)、行业($Industry$)和地区($Province$)层面上的固定效应。变量定义见表6–1。

表6–1　主要变量定义

变量名称	变量符号	变量描述
政府补助	lnSub	ln(政府补助)
分析师跟踪	ln$coverage$	ln(分析师人数+1)
	ln$broker$	ln(发布了预测报告的券商数量+1)
经济发展	ΔGDP	国内生产总值增长率,并采用 H–P 滤波处理,以衡量宏观经济发展形势的变化
	$Econo\_index$	宏观经济景气指数一致指数(YZZS)、企业景气指数(QQZS)做稳健型检验
经济政策性不确定指数	EPU	Baker etal. (2016)月度不确定性指数的几何平均数/100
	$mEPU$	Baker etal. (2016)月度不确定性指数的算数平均数/100
	$yEPU$	借鉴 Gulen & Ion(2016)方法,先将 EPU 月度数据转化为季度数据,再由季度数据转化为年度数据后,除以100
创新投入	$RDintTA$	本期研发投入/总资产
创新产出	ln$apply$	ln(申请专利总数+1)
	ln$iapply$	ln(申请发明专利数+1)
	ln$udapply$	ln(申请实用新型专利数+外观设计+1)
企业规模	$Size$	ln(总资产)

续表6-1

变量名称	变量符号	变量描述
企业年龄	Age	ln(成立年数+1)
资产负债率	Lev	总负债/总资产
资产收益率	ROA	净利润/总资产
营业收入增长率	Growth	(本期营业收入−上期营业收入)/上期营业收入
两职合一	Duality	$Duality=1$,两职合一;$Duality=0$,非两职合一
独立董事规模	Indpt	独立董事人数/董事会人数
股权集中度	Share1	第一大股东持股比例
机构投资者持股	Inster	机构投资者持股数/总股数
管理层持股	Mngshare	管理层持股数/总流通股数
行业	Industry	行业固定效应,制造业控制二级细分行业
年份	Year	年度固定效应
地区	Province	省份固定效应

4.实证检验与分析

(1)描述性统计分析。表6-2为主要变量描述性统计。政府补助($\ln Sub$)均值为16.642,即 $e^{16.642}$,约16 886 077元,标准差为1.538,说明样本期内,企业政府补助的差异性较大。GDP 均值为6.8%,最大值为11.2%,说明我国经济已经进入新常态,从高速增长时期进入中高速阶段。分析师跟踪人数($\ln coverge$)为 $e^{1.171}-1$,约3.23人,券商为($\ln broker$)为 $e^{1.007}-1$,约2.73人。经济政策不确定性指数(EPU)均值为3.665,标准差为2.508,说明样本期内经济政策不确定性波动较大。创新投入强度($RDintTA$)平均为0.021,这说明研发投入占总资产比值为2.1%,总体创新强度较低。

表6-2　主要变量描述性统计

变量名称	样本量	均值	标准差	最小值	中位数	最大值
lnSub	20 708	16.642	1.538	12.276	16.637	20.554
ΔGDP	20 708	6.772	1.279	5.548	6.465	11.208
EPU	20 708	3.665	2.508	0.686	3.396	7.792
ln$coverage$	12 443	1.171	0.320	0.527	1.223	1.673
ln$broker$	12 488	1.007	0.296	0.527	1.027	1.496
$RDintTA$	20 708	0.021	0.019	0.000	0.018	0.100
ln$apply$	20 708	0.317	0.953	0.000	0.000	7.288
ln$iapply$	20 708	0.223	0.721	0.000	0.000	6.572
ln$udapply$	20 708	0.204	0.774	0.000	0.000	6.625
$Size$	20 708	22.307	1.237	19.997	22.140	26.138
Age	20 708	11.202	6.682	3.000	10.000	31.000
Lev	20 708	0.438	0.197	0.066	0.433	0.896
ROA	20 708	0.018	0.035	−0.132	0.018	0.114
$Growth$	20 708	0.177	0.424	−0.511	0.110	2.776
$Duality$	20 708	0.269	0.443	0.000	0.000	1.000
$Indpt$	20 708	0.375	0.053	0.333	0.357	0.571
$Share1$	20 708	0.330	0.142	0.089	0.306	0.721
$Inster$	20 708	6.485	7.011	0.000	4.093	32.050
$Mngshare$	20 708	0.060	0.121	0.000	0.001	0.555

表6-3为主要变量的Person和Spearman相关性检验,从结果可以看出,创新投入($RDintTA$)与政府补助(lnSub)均显著正相关。创新投入($RDintTA$)与分析师跟踪(ln$coverage$和ln$broker$)均正相关,经济政策不确定性指数(EPU)与分析师跟踪(ln$coverage$和ln$broker$)正相关,且相关关系数均未超过0.4。因为相关性分析并没有控制其他因素的影响,因此需要通过多元回归分析进一步证实,不过相关性分析可以让我们初步了解各个主要变量之间的关系。另外,为排除共线性问题,本书计算了各变量的VIF值,发现均小于5,说明不存在严重的共线性问题。

表 6-3　相关性检验

	lnSub	lncoverage	lnbroker	RDintTA	GDP	EPU	Size	Age	Lev	ROA	Growth	Duality	Indpt	Share1	Inster	Mngshare
lnSub	1	0.27*	0.27*	0.03*	-0.10*	0.10*	0.60*	0.25*	0.29*	0.10*	-0.03*	-0.08*	0.02	0.10*	0.12*	-0.12*
lncoverage	0.28*	1	0.95*	0.13*	-0.09*	0.09*	0.28*	-0.04*	-0.03*	0.44*	0.03*	0.02	0.01	0.04*	0.47*	0.13*
lnbroker	0.27*	0.94*	1	0.12*	-0.01	0.06*	0.26*	-0.05*	-0.03*	0.47*	0.02	0.01	0.00	0.05*	0.48*	0.11*
RDintTA	0.04*	0.13*	0.14*	1	-0.12*	0.05*	-0.29*	-0.26*	-0.30*	0.15*	0.08*	0.14*	0.01	-0.12*	0.09*	0.31*
ΔGDP	-0.12*	-0.09*	0.01	-0.14*	1	-0.65*	-0.15*	-0.07*	0.12*	0.16*	-0.15*	-0.07*	-0.07*	0.10*	-0.05*	-0.22*
EPU	0.10*	0.08*	0.06*	0.02	-0.46*	1	0.15*	0.13*	-0.03*	-0.09*	0.09*	0.02	0.04*	-0.06*	0.05*	0.08*
Size	0.61*	0.27*	0.26*	-0.25*	-0.13*	0.15*	1	0.44*	0.53*	0.08*	-0.03*	-0.17*	0.01	0.23*	0.11*	-0.29*
Age	0.21*	-0.06*	-0.07*	-0.20*	-0.07*	0.11*	0.39*	1	0.35*	-0.01	-0.03*	-0.21*	-0.05*	0.02	0.04*	-0.49*
Lev	0.28*	-0.03*	-0.03*	-0.27*	0.13*	-0.02	0.53*	0.33*	1	-0.06*	-0.03*	-0.13*	-0.04*	0.15*	-0.05*	-0.32*
ROA	0.06*	0.34*	0.38*	0.13*	0.15*	-0.05*	0.06*	-0.02	-0.12*	1	0.02*	-0.01	-0.05*	0.09*	0.30*	0.05*
Growth	-0.04*	0.02	0.01	0.04*	-0.10*	0.07*	-0.02	0.01	-0.00	0.04*	1	0.01	0.04*	-0.05*	0.06*	0.09*
Duality	-0.08*	0.02	0.01	0.12*	-0.08*	0.02	-0.17*	-0.20*	-0.13*	0.00	-0.01	1	0.10*	-0.09*	0.02	0.36*
Indpt	0.03*	0.02	0.01	0.02	-0.07*	0.03*	0.04*	-0.05*	-0.03*	-0.04*	0.01	0.11*	1	0.04*	-0.01	0.05*
Share1	0.11*	0.04*	0.05*	-0.11*	0.09*	-0.06*	0.27*	0.03*	0.16*	0.06*	-0.02	-0.09*	0.05*	1	-0.13*	-0.30*
Inster	0.07*	0.40*	0.43*	0.09*	0.07*	0.01	0.02	0.02	-0.06*	0.28*	0.02	0.02	-0.02	-0.15*	1	0.09*
Mngshare	-0.14*	0.05*	0.03*	0.21*	-0.15*	0.01	-0.27*	-0.39*	-0.26*	0.01	0.04*	0.48*	0.11*	-0.10*	-0.01	1

注：左下部分为 Pearson 检验结果，右上部分为 Spearman 检验结果；*表示在 5% 的显著性水平下显著（双尾检验）。

（2）回归结果分析。表6-4第（1）列为创新投入（$RDintTA$）与经济周期（GDP）对政府补助回归结果，第（2）—（4）列为创新产出（$\ln apply$、$\ln iapply$ 和 $\ln udapply$）与 GDP 对政府补助回归结果。结果显示，（1）—（4）列，研发投入与经济增长、创新产出与经济增长交互项系数均不显著。这说明经济发展越快，创新性强的企业并未获得更多的政府补助，这说明在经济形势越好的情况下，企业加大创新，并没有得到政府支持。该结果意味着政府补助在经济发展繁荣期未对创新强的企业起到积极的激励作用，这导致企业更加关注短期利益，强化了短视行为，降低了创新动力，企业更愿意将资本配置到风险小、收益快的非创新领域。这也在某种程度上，印证了创新逆周期性的潜在原因。

表6-4　经济周期波动、技术创新与政府补助

	（1）	（2）	（3）	（4）
	$F.\ln Sub$	$F.\ln Sub$	$F.\ln Sub$	$F.\ln Sub$
$RDintTA$	28.495***			
	(8.41)			
$RDintTA×\Delta GDP$	−1.430			
	(−0.72)			
$\ln apply$		0.242***		
		(3.92)		
$\ln apply×\Delta GDP$		−0.002		
		(−0.22)		
$\ln iapply$			0.202***	
			(3.12)	
$\ln iapply×\Delta GDP$			0.007	
			(0.89)	

续表6-4

	（1）	（2）	（3）	（4）
	F. ln*Sub*	*F.* ln*Sub*	*F.* ln*Sub*	*F.* ln*Sub*
ln*udapply*				0.207***
				（3.54）
ln*udapply*×Δ*GDP*				−0.005
				（−0.72）
Δ*GDP*	−0.008	−0.022	−0.039*	−0.027
	（−0.44）	（−0.84）	（−1.72）	（−1.22）
Size	0.914***	0.748***	0.733***	0.798***
	（35.65）	（28.10）	（26.89）	（30.14）
Age	−0.010**	−0.010**	−0.010**	−0.011**
	（−2.18）	（−2.41）	（−2.42）	（−2.39）
Lev	0.304**	0.300**	0.324**	0.242*
	（2.31）	（2.32）	（2.53）	（1.84）
ROA	−0.097	−0.138	−0.122	−0.012
	（−0.57）	（−0.84）	（−0.74）	（−0.07）
Growth	−0.019	−0.019	−0.027	−0.019
	（−0.95）	（−0.95）	（−1.34）	（−0.94）
Duality	0.018	0.019	0.011	0.024
	（0.41）	（0.44）	（0.26）	（0.54）
Indpt	0.378	0.306	0.261	0.326
	（1.07）	（0.90）	（0.77）	（0.93）
*Share*1	−0.416***	−0.306*	−0.265*	−0.356**
	（−2.58）	（−1.96）	（−1.71）	（−2.24）
Inster	0.888***	0.803***	0.745***	0.970***
	（4.10）	（3.62）	（3.36）	（4.30）

续表6-4

	(1)	(2)	(3)	(4)
	$F.\ln Sub$	$F.\ln Sub$	$F.\ln Sub$	$F.\ln Sub$
Mngshare	−0.121	−0.122	−0.083	−0.070
	(−0.70)	(−0.72)	(−0.51)	(−0.39)
Industry FE	yes	yes	yes	yes
Province FE	yes	yes	yes	yes
N	20 708	20 708	20 708	20 708
Adj. R^2	0.456	0.472	0.477	0.457

注:括号中报告值为 t 值; * 、* * 和 * * * 分别表示回归系数在10%、5%和1%的水平下显著,同时对模型进行了聚类稳健性标准误修正,以下类同。

第二节 政府补贴视角下经济周期波动对企业创新影响的差异性分析

前文证实经济发展越繁荣、创新性强的企业并未获得更多的政府补助,那么不同产权属性和行业性质的企业在经济发展和创新对获取政府补助方面是否存在差异? 本小节进一步从产权性质、行业属性方面分组检验其差异,以便进一步分析其内在机制。

一、产权属性差异分析

表6-5为按照产权属性分组检验经济发展和创新对政府补助的影响。其中,Panel A 第(1)—(2)列为创新投入与经济增长对政府补助的回归结果,(3)—(4)列为创新产出专利总量与经济增长对政府补助的回归结果,(5)—(6)列为创新产出发明专利与经济增长对政府补助的回归结果,

(7)—(8)列为创新产出非发明专利与经济增长对政府补助的回归结果。从回归结果可以看出,(1)—(2)列对于创新投入而言,非国企在经济发展越好时,加大创新投入,反而政府补助会显著降低,而对于国有企业并无显著影响。这意味着,外部经济环境良好,企业经营风险较小,现金流较充裕,其实际上为企业创新提供了更为宽松的环境,这时非国有企业如果加大创新力度,更应该得到政府的支持和鼓励,提升其创新积极性,但是政府反而减少了对其补助,这在一定程度上抑制了非国有企业的创新积极性,使其更加关注短期利益的获取。在(3)—(8)列,对于创新产出而言,只有在国企中,经济发展越好,发明专利产出越多时,获取的政府补助越多。这说明政府补助一方面更多向国企倾斜,另一方面也更加注重创新的质量。

表6-5　产权分组:经济周期、技术创新与政府补助

Panel A: $F. \ln Sub$				
	(1)	(2)	(3)	(4)
	国企	非国企	国企	非国企
$RDintTA$	20.578**	33.133***		
	(2.06)	(4.76)		
$RDintTA \times \Delta GDP$	−0.956	−2.122**		
	(−0.79)	(−2.37)		
$\ln apply$			0.209**	0.236***
			(2.44)	(2.66)
$\ln apply \times \Delta GDP$			0.003	−0.003
			(0.27)	(−0.25)
ΔGDP	−0.045	0.049*	−0.053	0.008
	(−1.51)	(1.80)	(−1.42)	(0.21)
$Size$	0.894***	0.944***	0.735***	0.772***
	(23.21)	(28.92)	(17.48)	(23.44)

续表6-5

Panel A：$F.\ln Sub$				
	（1）	（2）	（3）	（4）
	国企	非国企	国企	非国企
Age	−0.004	−0.021***	−0.004	−0.020***
	（−0.48）	（−3.43）	（−0.46）	（−3.38）
Lev	0.288	0.288*	0.366*	0.238
	（1.34）	（1.85）	（1.70）	（1.55）
ROA	−0.485**	0.318	−0.574***	0.436*
	（−2.12）	（1.32）	（−2.60）	（1.81）
Growth	−0.006	−0.018	−0.012	−0.014
	（−0.19）	（−0.76）	（−0.37）	（−0.61）
Duality	−0.015	0.045	−0.011	0.039
	（−0.16）	（0.92）	（−0.12）	（0.79）
Indpt	0.842	0.077	0.507	0.229
	（1.40）	（0.19）	（0.89）	（0.56）
Share1	−0.852***	−0.252	−0.581**	−0.216
	（−3.10）	（−1.40）	（−2.15）	（−1.23）
Inster	0.293	1.197***	0.075	1.205***
	（0.77）	（5.17）	（0.19）	（5.24）
Mngshare	1.788	−0.128	3.589***	−0.157
	（1.42）	（−0.73）	（3.05）	（−0.89）
Industry FE	yes	yes	yes	yes
Province FE	yes	yes	yes	yes
N	7 512	13 196	7 512	13 196
Adj. R^2	0.473	0.432	0.494	0.438
交互项系数组间差异检验（P值）	0.036		0.652	

续表6-5

Panel B：F. lnSub				
	（5）	（6）	（7）	（8）
	国企	非国企	国企	非国企
lniapply	0.120	0.261***		
	（1.34）	（2.73）		
lniapply×ΔGDP	0.018*	−0.002		
	（1.65）	（−0.18）		
lnudapply			0.227***	0.169**
			（2.70）	（2.11）
lnudapply×ΔGDP			−0.005	−0.003
			（−0.53）	（−0.33）
ΔGDP	−0.072**	0.006	−0.053	0.003
	（−2.24）	（0.19）	（−1.61）	（0.09）
Size	0.724***	0.757***	0.770***	0.831***
	（16.78）	（22.71）	（18.62）	（24.76）
Age	−0.002	−0.020***	−0.005	−0.021***
	（−0.25）	（−3.38）	（−0.60）	（−3.46）
Lev	0.414*	0.247	0.301	0.184
	（1.93）	（1.63）	（1.39）	（1.17）
ROA	−0.537**	0.406*	−0.504**	0.588**
	（−2.42）	（1.68）	（−2.24）	（2.38）
Growth	−0.021	−0.019	−0.008	−0.019
	（−0.62）	（−0.79）	（−0.24）	（−0.78）
Duality	−0.029	0.032	0.015	0.042
	（−0.32）	（0.66）	（0.16）	（0.82）

续表6–5

Panel B：$F. \ln Sub$				
	(5)	(6)	(7)	(8)
	国企	非国企	国企	非国企
Indpt	0.437	0.208	0.566	0.219
	(0.77)	(0.51)	(0.97)	(0.51)
*Share*1	−0.556**	−0.137	−0.668**	−0.252
	(−2.08)	(−0.79)	(−2.48)	(−1.37)
Inster	0.068	1.136***	0.278	1.336***
	(0.17)	(4.98)	(0.69)	(5.61)
Mngshare	3.372***	−0.149	3.845***	−0.080
	(2.90)	(−0.87)	(3.10)	(−0.43)
Industry FE	yes	yes	yes	yes
Province FE	yes	yes	yes	yes
N	7 512	13 196	7 512	13 196
Adj. R^2	0.499	0.444	0.483	0.420
交互项系数组间差异检验(P值)	0.014		0.573	

二、行业性质差异分析

表6-6为按照行业性质分组检验经济发展和创新对政府补助的影响。本书参照张同斌和高铁梅(2012)高新技术行业划分方法,对是否高新技术企业进行划分。其中,Panel A 第(1)—(2)列为创新投入与经济增长对政府补助的回归结果,(3)—(4)列为专利总量与经济增长对政府补助的回归结果,(5)—(6)列为发明专利与经济增长对政府补助的回归结果,(7)—(8)列为非发明专利与经济增长对政府补助的回归结果。从回归结果可以看

出,(1)—(2)列对于创新投入而言,非高新技术行业企业在经济发展越好时,加大创新投入,反而政府补助会显著降低,而对于高新技术行业企业并无显著影响。这说明当外界环境优化,非高新技术行业企业加大创新投入,反而得到了更少的创新补贴,这意味着政府并没有给予非高新技术行业企业更多的政策支持,这严重影响了非高新技术行业企业的创新积极性,虽然非高新技术企业其核心业务并不是技术创新,但是在"大众创新、万众创业"的创新驱动发展战略下,积极培育和提升企业创新积极性更为重要,而政府补助对于引导企业创新具有重要的政策导向作用。在(3)—(8)列,对于创新产出而言,无论是高新产业企业还是非高新技术产业企业,并没有在经济发展越好,专利产出越多时,获取更多的政府补助。这说明政府补助对于高新和非高新企业均未起到积极的引导作用。

表6-6　高新分组:经济周期、技术创新与政府补助

Panel A:$F.\ln Sub$				
	(1)	(2)	(3)	(4)
	高新	非高新	高新	非高新
$RDintTA$	31.380**	32.381***		
	(2.46)	(5.00)		
$RDintTA×\Delta GDP$	−2.077	−2.161***		
	(−1.25)	(−2.63)		
$\ln apply$			0.099	0.229***
			(0.51)	(3.60)
$\ln apply×\Delta GDP$			0.015	−0.000
			(0.63)	(−0.03)
ΔGDP	0.186**	0.001	0.065	−0.029
	(2.02)	(0.04)	(0.70)	(−1.06)

续表6-6

Panel A:*F*.ln*Sub*	(1)	(2)	(3)	(4)
	高新	非高新	高新	非高新
Size	0.905***	0.917***	0.739***	0.751***
	(11.37)	(34.81)	(9.22)	(27.16)
Age	−0.033**	−0.008*	−0.032*	−0.008*
	(−1.99)	(−1.73)	(−1.90)	(−1.87)
Lev	0.465	0.292**	−0.044	0.301**
	(1.07)	(2.16)	(−0.10)	(2.27)
ROA	0.592	−0.138	0.905	−0.180
	(0.94)	(−0.79)	(1.35)	(−1.07)
Growth	0.036	−0.022	0.032	−0.021
	(0.53)	(−1.05)	(0.48)	(−1.00)
Duality	0.044	0.010	0.055	0.010
	(0.29)	(0.23)	(0.33)	(0.22)
Indpt	−1.687	0.555	−0.474	0.409
	(−1.49)	(1.53)	(−0.36)	(1.17)
*Share*1	0.363	−0.442***	−0.046	−0.312*
	(0.60)	(−2.68)	(−0.07)	(−1.94)
Inster	−0.184	0.957***	0.134	0.834***
	(−0.34)	(4.19)	(0.23)	(3.56)
Mngshare	−0.989*	−0.009	−0.961	−0.006
	(−1.86)	(−0.05)	(−1.53)	(−0.03)
Industry FE	yes	yes	yes	yes
Province FE	yes	yes	yes	yes
N	1 521	19 187	1 521	19 187
Adj. R^2	0.520	0.459	0.496	0.476
交互项系数组间差异检验(*P*值)	0.089		0.461	

续表 6-6

Panel B：F. ln*Sub*				
	（5）	（6）	（7）	（8）
	高新	非高新	高新	非高新
ln*iapply*	0.063	0.195***		
	(0.31)	(2.94)		
ln*iapply*×ΔGDP	0.023	0.008		
	(0.88)	(0.95)		
ln*udapply*			−0.025	0.197***
			(−0.12)	(3.26)
ln*udapply*×ΔGDP			0.020	−0.004
			(0.73)	(−0.54)
ΔGDP	0.048	−0.042*	0.050	−0.032
	(0.55)	(−1.83)	(0.61)	(−1.39)
Size	0.714***	0.736***	0.779***	0.801***
	(8.77)	(25.98)	(9.39)	(29.25)
Age	−0.030*	−0.008*	−0.029	−0.009*
	(−1.85)	(−1.89)	(−1.57)	(−1.91)
Lev	0.037	0.323**	0.050	0.240*
	(0.09)	(2.45)	(0.11)	(1.77)
ROA	1.020	−0.168	1.082	−0.057
	(1.54)	(−0.98)	(1.55)	(−0.33)
Growth	0.025	−0.029	0.049	−0.022
	(0.39)	(−1.40)	(0.70)	(−1.06)
Duality	0.055	0.001	0.034	0.017
	(0.33)	(0.03)	(0.19)	(0.37)
Indpt	−0.279	0.349	−0.724	0.447
	(−0.23)	(1.00)	(−0.50)	(1.24)
Share1	0.007	−0.272*	0.024	−0.365**
	(0.01)	(−1.70)	(0.03)	(−2.24)

续表 6-6

Panel B: $F.\ln Sub$	（5）	（6）	（7）	（8）
	高新	非高新	高新	非高新
Inster	0.022	0.780***	0.296	1.003***
	(0.04)	(3.33)	(0.48)	(4.21)
Mngshare	−0.947	0.036	−0.850	0.039
	(−1.56)	(0.21)	(−1.27)	(0.21)
Cons	0.680	0.604	−0.359	−0.748
	(0.32)	(0.89)	(−0.16)	(−1.14)
Industry FE	yes	yes	yes	yes
Province FE	yes	yes	yes	yes
N	1 521	19 187	1 521	19 187
Adj. R^2	0.504	0.481	0.462	0.461
交互项系数组间差异检验（P 值）	0.547		0.338	

第三节 分析师视角下经济政策不确定性对企业创新的影响分析

证券分析师作为信息中介,主要职能就是分析和研究证券市场上各种相关因素,包括预测上市公司的价值和变动趋势,发布研究报告,提供建议等服务。那么,面对资本市场上千差万别的企业,作为有限能力人的分析师如何去选择值得研究的企业,进而为自己获取相应的收益,是分析师首先要考虑的问题。虽然那些经营质量好、风险较小和治理结构完善的公司是分析师筛选条件与之一（林小驰，等，2007），但是，随着资本市场的发展，企业经营业务日趋复杂，风险不断加大，同时分析师行业竞争也日趋激烈，仅对容易分析的公司进行分析，已经体现不出分析师的价值和作用。而作为中介机构的分析师，其主要职能之一是缓解市场中参与者间的信息不对称程度（Healy et al.，2001），解决信息不对称问题是其存在的意义。

创新活动从创新项目选择开始，到创新投入、生产、产出等各个环节均充满了不确定性。创新项目选择时，不能确定所选择的创新项目一定能够符合市场需求，能够为企业创造更多的价值；在创新投入环节，创新所需要的人力、财力、物力均需要巨大的投入，尤其是创新人才的投入，创新人才的流失都会对企业创新带来巨大的风险；在创新生产环节，也要面临巨大失败的风险；在创新产出环节，也要面临创新成果鉴定风险、转化风险以及创新成果转化不足，带来的资源闲置或核心成果泄露的风险。这些风险导致了企业创新活动信息不对称的产生。同时，在企业创新管理过程中，也存在股东与管理层、企业内部部门间的利益冲突，也加大了创新风险和信息不对称性。因此，外部投资者需要解读企业创新信息，正确评估企业创新价值，此时，需要作为信息中介的财务分析师来扮演信号传递的角色，从而减缓由于信息不对称带来的各种冲突，因为信息不对称性正是分析师生存和获利的空间（苏治和魏紫，2013）。

当宏观经济政策不确定性日益增大时，一方面增强了企业自身经营活动的不确定性，另一方面也增强了企业外部信息使用者对企业行为预测的难度，提升了企业与外部信息使用者之间的信息不对称程度。如果此时企业加大创新力度，到底反映了企业的何种意图？对投资者意味着什么？这时分析师的作用就更加凸显。分析师可以利用其专业知识解读产业政策、税收政策、金融政策以及财政政策等宏观经济形势，并在此基础上，分析相关行业的发展情景、周期以及行业间的差异，同时结合公司自身财务状况、公司战略、发展前景等做出综合分析。同时，分析师也期望通过承担风险来建立自身的市场声誉(Barth et al.,2001),也就是说信息不对称越强,分析师跟踪的动力越强。综上分析,在外部投资者对分析师需求增大,内部分析师自身能够且愿意的共同作用下,经济政策不确定性提升了分析师对创新关注度,故提出,经济政策不确定性越大,创新性越强的企业吸引了更多的分析师。

表6-7为创新投入($RDintTA$)与经济政策不确定性(EPU)对分析师跟踪的影响,表6-8为创新产出与经济政策不确定性对分析师跟踪的影响。表6-7第(1)和(3)列为,分析师对研发投入的回归结果,可以看出研发投入系数显著为正,说明研发投入引起了更多分析师的关注,与徐欣和唐清泉(2010)的研究结论相一致,说明分析师会跟踪研发活动以挖掘潜在信息。从表6-7第(2)和(4)列,表6-8(1)—(6)列的回归结果可以看出,经济经济政策不确定性与创新的交互项($RDintTA×L.EPU$、$\ln apply×EPU$、$\ln iapply×EPU$ 和 $\ln udapply×EPU$)系数均在10%水平以上显著为正,这说明经济政策不确定性越大时,创新投入和创新产出越多的企业引起了未来更多分析师的关注,即经济政策不确定性增强了创新对分析师跟踪的影响。文本研究结论是对徐欣和唐清泉(2010)研究的进一步拓展。因为经济政策不确定性提升了创新活动的信息不对称程度,加大了分析师分析的难度,进而吸引了更多的分析师关注,同时,分析师具有通过承担风险来建立自身的市场声誉动机(Barth et al.,2001),进而随着经济政策不确定性的增大,创新性越强的企业吸进了更多的分析师。

表6-7　经济政策不确定性、创新投入与分析师跟踪

	(1)	(2)	(3)	(4)
	F. lncoverage	F. lncoverage	F. lnbroker	F. lnbroker
$RDintTA$	2.130***	1.301***	1.797***	0.840**
	(9.46)	(3.57)	(8.67)	(2.51)
$RDintTA×L.EPU$		0.456***		0.540***
		(2.71)		(3.58)

续表6-7

	(1)	(2)	(3)	(4)
	F. lncoverage	*F. lncoverage*	*F. lnbroker*	*F. lnbroker*
L. EPU		0.005		−0.004
		(0.94)		(−0.99)
Size	0.108***	0.105***	0.090***	0.090***
	(25.15)	(24.25)	(23.30)	(22.60)
Age	−0.007***	−0.007***	−0.007***	−0.007***
	(−7.51)	(−7.77)	(−8.92)	(−9.03)
Lev	−0.183***	−0.174***	−0.134***	−0.131***
	(−7.21)	(−6.86)	(−5.93)	(−5.76)
ROA	0.762***	0.772***	0.829***	0.831***
	(17.46)	(17.55)	(20.52)	(20.45)
Growth	0.004	0.003	−0.002	−0.003
	(1.01)	(0.82)	(−0.61)	(−0.67)
Duality	0.003	0.003	0.002	0.002
	(0.33)	(0.29)	(0.21)	(0.22)
Indpt	−0.035	−0.042	−0.029	−0.035
	(−0.47)	(−0.57)	(−0.44)	(−0.53)
Share1	0.009	0.017	0.017	0.020
	(0.32)	(0.57)	(0.66)	(0.79)
Inster	1.211***	1.215***	1.154***	1.158***
	(28.50)	(28.81)	(29.79)	(30.05)
Mngshare	0.136***	0.132***	0.075**	0.073**
	(3.70)	(3.59)	(2.27)	(2.21)
Industry FE	yes	yes	yes	yes
Province FE	yes	yes	yes	yes
N	12 443	12 443	12 443	12 443
Adj. R^2	0.362	0.364	0.393	0.394

表6-8 经济政策不确定性、创新产出与分析师跟踪

	(1)	(2)	(3)	(4)	(5)	(6)
	$F.\,lncoverage$	$F.\,lncoverage$	$F.\,lncoverage$	$F.\,lnbroker$	$F.\,lnbroker$	$F.\,lnbroker$
lnapply	0.010 * *			0.003		
	(2.29)			(0.85)		
lnapply×	0.004 * *			0.005 * * *		
EPU	(2.25)			(3.00)		
lniapply		0.009 * *			0.002	
		(2.03)			(0.50)	
lniapply×		0.005 * *			0.006 * * *	
EPU		(2.52)			(3.55)	
lnudapply			0.006			0.000
			(1.45)			(0.07)
lnudapply×			0.003 *			0.004 * *
EPU			(1.77)			(2.48)
EPU	−0.000	0.002	0.006	−0.009	−0.008	−0.003
	(−0.03)	(0.27)	(0.92)	(−1.49)	(−1.55)	(−0.61)
Size	0.091 * * *	0.091 * * *	0.095 * * *	0.079 * * *	0.078 * * *	0.082 * * *
	(18.88)	(18.88)	(20.03)	(17.95)	(17.89)	(18.98)
Age	−0.007 * * *	−0.007 * * *	−0.007 * * *	−0.007 * * *	−0.007 * * *	−0.007 * * *
	(−7.71)	(−7.68)	(−7.72)	(−8.94)	(−8.91)	(−8.95)
Lev	−0.184 * * *	−0.182 * * *	−0.189 * * *	−0.140 * * *	−0.139 * * *	−0.144 * * *
	(−7.27)	(−7.19)	(−7.47)	(−6.18)	(−6.11)	(−6.35)
ROA	0.796 * * *	0.800 * * *	0.807 * * *	0.856 * * *	0.859 * * *	0.866 * * *
	(17.94)	(17.99)	(18.15)	(20.91)	(20.92)	(21.08)
Growth	0.003	0.002	0.003	−0.003	−0.003	−0.003
	(0.71)	(0.58)	(0.74)	(−0.79)	(−0.89)	(−0.78)

续表6-8

	(1)	(2)	(3)	(4)	(5)	(6)
	F. lncoverage	F. lncoverage	F. lncoverage	F. lnbroker	F. lnbroker	F. lnbroker
Duality	0.002	0.002	0.003	0.001	0.001	0.002
	(0.24)	(0.21)	(0.31)	(0.18)	(0.16)	(0.23)
Indpt	−0.040	−0.041	−0.040	−0.031	−0.032	−0.030
	(−0.53)	(−0.54)	(−0.53)	(−0.47)	(−0.48)	(−0.45)
Share1	0.026	0.028	0.022	0.027	0.028	0.024
	(0.88)	(0.93)	(0.75)	(1.04)	(1.08)	(0.93)
Inster	1.219***	1.218***	1.228***	1.163***	1.161***	1.169***
	(28.68)	(28.63)	(28.85)	(29.79)	(29.78)	(29.92)
Mngshare	0.143***	0.146***	0.148***	0.084**	0.086***	0.087***
	(3.94)	(4.03)	(4.04)	(2.55)	(2.62)	(2.65)
Industry FE	yes	yes	yes	yes	yes	yes
Province FE	yes	yes	yes	yes	yes	yes
N	12 443	12 443	12 443	12 443	12 443	12 443
Adj. R^2	0.359	0.359	0.356	0.388	0.388	0.386

第四节　经济政策不确定性、技术创新与
分析师跟踪差异性分析

前文证实经济政策不确定性提升了分析师对创新的关注度,那么不同研发强度和创新持续性的企业,经济政策不确定性对分析师对创新关注度的影响是否存在差异?本节进一步从研发强度和创新持续时间等方面分组检验其差异,以便进一步分析其内在机制。

一、创新强度差异性分析

经济政策不确定性强化分析师对创新的关注,那么这种影响在创新密集型产业中应该更为明显,因为创新密集型产业的信息不对称程度更大。本书按照研发强度中位数进行分组,高于中位数为高研发强度企业,低于中位数为低研发强度企业。表6-9和表6-10为回归结果,其中,表6-9为经济政策不确定性(EPU)和创新投入($RDintTA$)对分析师跟踪(分析师人数和券商人数)的影响,表6-10为经济政策不确定性(EPU)和创新产出($lnapply$、$lniapply$和$lnudapply$)对分析师跟踪的影响。从表6-9回归结果可以看出,创新投入与经济政策不确定性交互项系数($RDintTA×EPU$)无论是对分析师人数还是券商人数,均在高研发强度组显著正相关。这说明在高研发强度企业中,经济政策不确定性越大创新投入越多,越是吸引了更多分析师的关注。从表6-10回归结果可以看出,无论是在 Panel A 还是在 Panel B 中,经济政策不确定性分别与申请专利总量($lnapply×EPU$)、发明专利($lniapply×EPU$)、非发明专利($lnudapply×EPU$)交互项系数均在高研发强度企业中显著为正,在低研发强度企业中不显著。这说明随着外部经济政策不确定性的增大,创新产出越多的企业越是引起更多分析师的关注。这意味着在高研发强度企业中,外部经济政策不确定性的显著提升了信息不对称程度,进而引发了更多分析师的关注。

表6-9　创新强度分组:经济政策不确定性、创新投入与分析师跟踪

	F. lnanalyst		F. lnbroker	
	(1)高强度	(2)低强度	(3)高强度	(4)低强度
$RDintTA$	1.160**	4.208*	1.198**	2.343
	(2.10)	(1.79)	(2.44)	(1.15)
$RDintTA×EPU$	0.430*	1.166	0.438**	1.060
	(1.69)	(1.07)	(1.99)	(1.09)

续表6-9

	F. lnanalyst		F. lnbroker	
	（1）高强度	（2）低强度	（3）高强度	（4）低强度
EPU	0.004	−0.003	−0.000	−0.009
	(0.47)	(−0.40)	(−0.05)	(−1.23)
Size	0.108***	0.104***	0.094***	0.087***
	(16.22)	(18.21)	(15.78)	(16.63)
Age	−0.007***	−0.007***	−0.008***	−0.007***
	(−5.49)	(−5.54)	(−6.77)	(−6.38)
Lev	−0.214***	−0.111***	−0.179***	−0.077**
	(−6.17)	(−3.06)	(−5.82)	(−2.34)
ROA	0.842***	0.542***	0.890***	0.620***
	(12.13)	(10.00)	(14.09)	(12.33)
Growth	0.013*	0.003	0.006	−0.003
	(1.90)	(0.54)	(1.08)	(−0.55)
Duality	−0.006	0.014	−0.005	0.014
	(−0.47)	(0.95)	(−0.47)	(1.10)
Indpt	0.042	−0.095	0.026	−0.064
	(0.42)	(−0.89)	(0.29)	(−0.66)
Share1	−0.010	0.042	−0.022	0.060*
	(−0.25)	(1.07)	(−0.63)	(1.66)
Inster	1.167***	1.283***	1.106***	1.240***
	(19.55)	(21.39)	(20.26)	(22.61)
Mngshare	0.112***	0.154**	0.072*	0.071
	(2.59)	(2.40)	(1.87)	(1.16)
Industry FE	yes	yes	yes	yes
Province FE	yes	yes	yes	yes
N	10 354	10 354	10 354	10 354
Adj. R^2	0.366	0.346	0.400	0.378
交互项系数组间差异检验（P值）	0.024		0.048	

表6-10　创新强度分组:经济政策不确定性、创新产出与分析师跟踪

Panel A: *F.* ln*coverage*

	(1)	(2)	(3)	(4)	(5)	(6)
	高强度	低强度	高强度	低强度	高强度	低强度
ln*apply*	0.013 * *	0.007				
	(2.10)	(1.10)				
ln*apply*×	0.006 * *	0.001				
EPU	(2.30)	(0.35)				
ln*iapply*			0.012 *	0.005		
			(1.92)	(0.64)		
ln*iapply*×			0.006 * *	0.002		
EPU			(2.30)	(0.69)		
ln*udapply*					0.004	0.009
					(0.72)	(1.35)
ln*udapply*×					0.005 * *	−0.001
EPU					(2.22)	(−0.21)
EPU	−0.007	0.003	−0.002	0.002	0.000	0.007
	(−0.65)	(0.31)	(−0.24)	(0.21)	(0.03)	(0.86)
Size	0.087 * * *	0.097 * * *	0.087 * * *	0.098 * * *	0.096 * * *	0.099 * * *
	(11.60)	(15.42)	(11.64)	(15.35)	(13.22)	(15.74)
Age	−0.007 * * *	−0.008 * * *	−0.007 * * *	−0.008 * * *	−0.007 * * *	−0.008 * * *
	(−5.27)	(−5.94)	(−5.23)	(−5.94)	(−5.24)	(−5.92)
Lev	−0.214 * * *	−0.125 * * *	−0.210 * * *	−0.126 * * *	−0.220 * * *	−0.125 * * *
	(−6.20)	(−3.46)	(−6.05)	(−3.49)	(−6.32)	(−3.47)

续表 6-10

Panel A:*F. lncoverage*						
	(1)	(2)	(3)	(4)	(5)	(6)
	高强度	低强度	高强度	低强度	高强度	低强度
ROA	0.845***	0.541***	0.854***	0.543***	0.860***	0.542***
	(11.99)	(10.00)	(12.12)	(10.03)	(12.14)	(10.01)
Growth	0.012*	0.003	0.011	0.003	0.013**	0.003
	(1.75)	(0.56)	(1.63)	(0.50)	(1.97)	(0.55)
Duality	−0.006	0.014	−0.006	0.014	−0.006	0.015
	(−0.48)	(0.97)	(−0.52)	(0.97)	(−0.50)	(1.01)
Indpt	0.061	−0.103	0.065	−0.105	0.055	−0.099
	(0.60)	(−0.98)	(0.64)	(−1.00)	(0.54)	(−0.94)
Share1	0.003	0.041	0.007	0.039	−0.001	0.038
	(0.08)	(1.00)	(0.18)	(0.97)	(−0.03)	(0.95)
Inster	1.175***	1.279***	1.166***	1.283***	1.183***	1.281***
	(19.66)	(21.13)	(19.52)	(21.17)	(19.69)	(21.11)
Mngshare	0.109**	0.173***	0.115***	0.174***	0.117***	0.173***
	(2.56)	(2.68)	(2.69)	(2.71)	(2.69)	(2.69)
Industry FE	yes	yes	yes	yes	yes	yes
Province FE	yes	yes	yes	yes	yes	yes
N	10 354	10 354	10 354	10 354	10 354	10 354
Adj. R^2	0.366	0.341	0.366	0.341	0.361	0.341
交互项系数组间差异检验（P 值）	0.078		0.044		0.067	

续表6-10

Panel B：F. ln*broker*						
	(1)	(2)	(3)	(4)	(5)	(6)
	高强度	低强度	高强度	低强度	高强度	低强度
ln*apply*	0.009	0.001				
	(1.61)	(0.10)				
ln*apply*× *EPU*	0.006**	0.002				
	(2.42)	(0.86)				
ln*iapply*			0.008	−0.002		
			(1.33)	(−0.37)		
ln*iapply*× *EPU*			0.006***	0.004		
			(2.69)	(1.32)		
ln*udapply*					0.001	0.002
					(0.29)	(0.25)
ln*udapply*× *EPU*					0.005**	0.001
					(2.20)	(0.42)
EPU	−0.010	−0.007	−0.007	−0.008	−0.002	−0.003
	(−1.03)	(−0.80)	(−0.91)	(−1.09)	(−0.29)	(−0.42)
Size	0.077***	0.083***	0.077***	0.084***	0.085***	0.084***
	(11.28)	(14.43)	(11.27)	(14.45)	(12.84)	(14.69)
Age	−0.007***	−0.008***	−0.007***	−0.008***	−0.007***	−0.008***
	(−6.48)	(−6.64)	(−6.44)	(−6.64)	(−6.44)	(−6.63)
Lev	−0.180***	−0.087***	−0.176***	−0.088***	−0.184***	−0.088***
	(−5.86)	(−2.66)	(−5.73)	(−2.68)	(−5.95)	(−2.67)
ROA	0.900***	0.621***	0.907***	0.622***	0.914***	0.622***
	(13.99)	(12.35)	(14.09)	(12.36)	(14.13)	(12.36)

续表 6-10

Panel B:*F*. ln*broker*						
	(1)	(2)	(3)	(4)	(5)	(6)
	高强度	低强度	高强度	低强度	高强度	低强度
Growth	0.006	−0.003	0.005	−0.003	0.007	−0.003
	(0.97)	(−0.52)	(0.85)	(−0.56)	(1.16)	(−0.53)
Duality	−0.005	0.015	−0.006	0.015	−0.006	0.015
	(−0.49)	(1.14)	(−0.52)	(1.14)	(−0.52)	(1.16)
Indpt	0.045	−0.069	0.048	−0.069	0.041	−0.066
	(0.50)	(−0.72)	(0.54)	(−0.72)	(0.45)	(−0.69)
*Share*1	−0.010	0.057	−0.007	0.056	−0.014	0.056
	(−0.29)	(1.55)	(−0.19)	(1.53)	(−0.39)	(1.52)
Inster	1.116***	1.239***	1.108***	1.242***	1.122***	1.241***
	(20.30)	(22.47)	(20.16)	(22.51)	(20.33)	(22.43)
Mngshare	0.072*	0.083	0.076**	0.083	0.078**	0.084
	(1.89)	(1.36)	(2.00)	(1.37)	(2.02)	(1.38)
Industry FE	yes	yes	yes	yes	yes	yes
Province FE	yes	yes	yes	yes	yes	yes
N	10 354	10 354	10 354	10 354	10 354	10 354
Adj. R^2	0.395	0.376	0.396	0.376	0.391	0.375
交互项系数组间差异检验（*P*值）	0.063		0.032		0.067	

二、创新持续时间差异性分析

图 6-1 为样本创新持续时间分布情况,由图 6-1 可以看出,创新持续时间最长为 15 年,有 1 148 家,创新时间持续时间最短为 1 年,有 38 家企业,样本中创新时间为 12 年的企业最多,达到了 4 050 家,其实是持续研发投入长达 10 年的企业,为 3 274 家。创新持续时间反映了企业创新意愿,创新时间越长说明企业创新意愿越强。因此,进一步按照创新持续时间进行分组,本书以 10 年为分界,10 年以上为创新持续性较好企业,10 年以下为创新持续性较差企业。

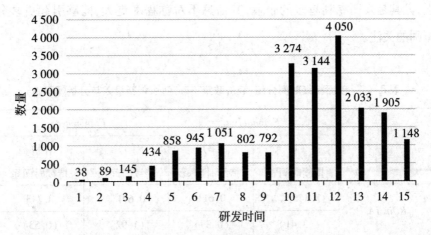

图 6-1　企业创新持续时间分布

表 6-11 和表 6-12 为创新持续时间的回归结果,其中,表 6-11 为经济政策不确定性(EPU)和创新投入($RDintTA$)对分析师跟踪的影响,表 6-12 为经济政策不确定性(EPU)和创新产出($lnapply$、$lniapply$ 和 $lnudapply$)对分析师跟踪(分析师人数和券商人数)的影响。从表 6-11 回归结果可以看出,经济政策不确定性与创新投入交互项系数($RDintTA×EPU$)无论是对分析师人数还是券商人数,均在创新时间持续性较长的组显著正相关。这说明在创新持续性好的企业,在经济政策不确定性增大时创新投入越多,越引起分

析师关注。从表6–12回归结果可以看出,无论是在 Panel A 还是在 Panel B 中,经济政策不确定性分别与申请专利总量(ln*apply*×*EPU*)、非发明专利(ln*udapply*×*EPU*)交互项系数均在创新持续时间长的企业中显著为正,在创新时间短的企业中不显著。但是经济政策不确定性与发明专利交互项系数(ln*iapply*×*EPU*)无论是在创新持续时间长还是创新持续时间短的企业中,均显著为正。这说明创新可持续性越好的企业,随着外部经济政策不确定性的增大,创新产出越多越是引起更多分析师的关注,但是代表企业创新质量和突破式创新的发明专利,无论创新时间长短均会引起分析师的关注。这意味着对于创新持续性强的企业而言,当经济政策不确定增大时,创新性越强,尤其是发明专利越多的企业,其信息不对称程度更大,能够引起更多分析师的关注。

表6–11　创新持续时间分组:经济政策不确定性、创新投入与分析师跟踪

	F. ln*analyst*		*F.* ln*broker*	
	(1)	(2)	(3)	(4)
	持续时间长	持续时间短	持续时间长	持续时间短
RDintTA	1.346***	0.611	0.691*	0.743
	(3.41)	(0.39)	(1.92)	(0.53)
RDintTA ∗ *EPU*	0.477**	0.676	0.695***	0.310
	(2.57)	(1.17)	(4.18)	(0.61)
EPU	0.003	0.001	−0.010**	0.013
	(0.51)	(0.10)	(−2.15)	(1.37)
Size	0.110***	0.090***	0.094***	0.082***
	(21.66)	(8.06)	(20.22)	(8.02)
Age	−0.008***	−0.005**	−0.008***	−0.006***
	(−7.59)	(−2.04)	(−8.55)	(−2.60)

续表6-11

	F. lnanalyst		*F. lnbroker*	
	（1）	（2）	（3）	（4）
	持续时间长	持续时间短	持续时间长	持续时间短
Lev	−0.166***	−0.158**	−0.121***	−0.163***
	（−5.95）	（−2.46）	（−4.81）	（−2.76）
ROA	0.681***	0.587***	0.750***	0.602***
	（14.07）	（5.95）	（16.81）	（6.36）
Growth	0.002	0.010	−0.004	0.007
	（0.38）	（1.04）	（−0.93）	（0.88）
Duality	0.003	0.017	0.000	0.026
	（0.26）	（0.56）	（0.02）	（1.02）
Indpt	0.015	−0.379*	0.008	−0.304*
	（0.19）	（−1.93）	（0.10）	（−1.79）
*Share*1	0.030	−0.004	0.031	−0.005
	（0.92）	（−0.06）	（1.10）	（−0.08）
Inster	1.219***	1.255***	1.169***	1.191***
	（27.01）	（9.69）	（28.25）	（9.90）
Mngshare	0.129***	−0.017	0.080**	−0.069
	（3.41）	（−0.07）	（2.35）	（−0.30）
Industry FE	*yes*	*yes*	*yes*	*yes*
Province FE	*yes*	*yes*	*yes*	*yes*
N	7 993	4 449	7 993	4 449
Adj. R^2	0.360	0.371	0.392	0.399
交互项系数组间差异检验(*P*值)	0.078		0.057	

表6-12 创新持续时间分组：经济政策不确定性、创新产出与分析师跟踪

Panel A：F. ln*coverage*						
	(1)	(2)	(3)	(4)	(5)	(6)
	持续时间长	持续时间短	持续时间长	持续时间短	持续时间长	持续时间短
ln*apply*	0.013 ***	−0.009				
	(2.76)	(−0.84)				
ln*apply*× EPU	0.008 *	0.003				
	(1.93)	(1.48)				
ln*iapply*			0.013 **	−0.009		
			(2.55)	(−0.78)		
ln*iapply*× EPU			0.004 *	0.008 *		
			(1.92)	(1.85)		
ln*udapply*					0.008 *	−0.009
					(1.78)	(−0.83)
ln*udapply*× EPU					0.002 *	0.008
					(1.76)	(1.26)
EPU	0.002	−0.013	0.002	−0.007	0.008	−0.008
	(0.22)	(−0.82)	(0.26)	(−0.52)	(1.17)	(−0.56)
Size	0.094 ***	0.083 ***	0.093 ***	0.083 ***	0.099 ***	0.084 ***
	(16.98)	(7.16)	(16.92)	(7.17)	(18.22)	(7.27)
Age	−0.008 ***	−0.005 **	−0.008 ***	−0.005 **	−0.008 ***	−0.005 **
	(−7.47)	(−2.10)	(−7.45)	(−2.09)	(−7.46)	(−2.05)
Lev	−0.178 ***	−0.157 **	−0.175 ***	−0.157 **	−0.185 ***	−0.159 **
	(−6.42)	(−2.46)	(−6.31)	(−2.46)	(−6.63)	(−2.48)

续表6-12

Panel A:F.lncoverage						
	(1)	(2)	(3)	(4)	(5)	(6)
	持续时间长	持续时间短	持续时间长	持续时间短	持续时间长	持续时间短
ROA	0.700***	0.622***	0.704***	0.624***	0.711***	0.625***
	(14.28)	(6.36)	(14.34)	(6.33)	(14.44)	(6.43)
Growth	0.001	0.008	0.001	0.009	0.002	0.008
	(0.29)	(0.90)	(0.13)	(0.96)	(0.33)	(0.87)
Duality	0.002	0.015	0.001	0.015	0.002	0.016
	(0.16)	(0.53)	(0.12)	(0.53)	(0.23)	(0.54)
Indpt	0.023	−0.412**	0.022	−0.413**	0.025	−0.411**
	(0.28)	(−2.09)	(0.27)	(−2.10)	(0.30)	(−2.09)
Share1	0.043	−0.000	0.045	−0.001	0.038	−0.000
	(1.31)	(−0.00)	(1.37)	(−0.01)	(1.17)	(−0.01)
Inster	1.227***	1.268***	1.225***	1.266***	1.236***	1.266***
	(26.82)	(9.85)	(26.81)	(9.74)	(27.03)	(9.80)
Mngshare	0.139***	0.038	0.143***	0.028	0.144***	0.038
	(3.71)	(0.16)	(3.82)	(0.12)	(3.79)	(0.16)
Industry FE	yes	yes	yes	yes	yes	yes
Province FE	yes	yes	yes	yes	yes	yes
N	7 993	4 449	7 993	4 449	7 993	4 449
Adj. R^2	0.354	0.369	0.355	0.369	0.351	0.368
交互项系数组间差异检验(P值)	0.045		0.061		0.033	

续表6-12

Panel B: $F.$ ln*broker*

	(1)	(2)	(3)	(4)	(5)	(6)
	持续时间长	持续时间短	持续时间长	持续时间短	持续时间长	持续时间短
ln*apply*	0.004	−0.005				
	(1.04)	(−0.52)				
ln*apply*× EPU	0.005**	0.006				
	(2.44)	(1.64)				
ln*iapply*			0.003	−0.008		
			(0.77)	(−0.71)		
ln*iapply*× EPU			0.006***	0.007*		
			(3.09)	(1.78)		
ln*udapply*					0.001	−0.006
					(0.25)	(−0.55)
ln*udapply*× EPU					0.003*	0.006
					(1.83)	(1.48)
EPU	−0.011	0.000	−0.011*	0.003	−0.003	0.004
	(−1.48)	(0.01)	(−1.79)	(0.26)	(−0.59)	(0.32)
Size	0.082***	0.075***	0.081***	0.076***	0.087***	0.077***
	(16.28)	(7.02)	(16.14)	(7.08)	(17.38)	(7.14)
Age	−0.008***	−0.006***	−0.008***	−0.006***	−0.008***	−0.006***
	(−8.35)	(−2.67)	(−8.34)	(−2.64)	(−8.34)	(−2.60)
Lev	−0.133***	−0.160***	−0.130***	−0.161***	−0.137***	−0.162***
	(−5.30)	(−2.74)	(−5.21)	(−2.75)	(−5.45)	(−2.76)
ROA	0.773***	0.622***	0.775***	0.626***	0.782***	0.626***
	(17.05)	(6.68)	(17.08)	(6.67)	(17.18)	(6.72)

续表6-12

Panel B:$F.$ ln$broker$						
	(1)	(2)	(3)	(4)	(5)	(6)
	持续时间长	持续时间短	持续时间长	持续时间短	持续时间长	持续时间短
Growth	−0.005	0.007	−0.005	0.007	−0.004	0.006
	(−1.06)	(0.78)	(−1.19)	(0.83)	(−1.03)	(0.76)
Duality	−0.001	0.025	−0.001	0.025	−0.000	0.026
	(−0.08)	(0.99)	(−0.12)	(0.99)	(−0.04)	(1.01)
Indpt	0.019	−0.329*	0.018	−0.330*	0.021	−0.328*
	(0.26)	(−1.93)	(0.24)	(−1.94)	(0.28)	(−1.93)
*Share*1	0.041	−0.001	0.042	−0.002	0.038	−0.002
	(1.42)	(−0.02)	(1.48)	(−0.03)	(1.32)	(−0.02)
Inster	1.177***	1.198***	1.175***	1.200***	1.183***	1.199***
	(28.00)	(10.02)	(27.98)	(10.00)	(28.18)	(9.94)
Mngshare	0.092***	−0.032	0.094***	−0.037	0.095***	−0.031
	(2.69)	(−0.14)	(2.77)	(−0.16)	(2.78)	(−0.14)
Industry FE	*yes*	*yes*	*yes*	*yes*	*yes*	*yes*
Province FE	*yes*	*yes*	*yes*	*yes*	*yes*	*yes*
N	7 993	4 449	7 993	4 449	7 993	4 449
Adj. R^2	0.384	0.399	0.385	0.399	0.382	0.398
交互项系数组间差异检验(P值)	0.073		0.088		0.056	

第五节 稳健性检验

一、变换宏观经济发展变量

本章重新选取了宏观经济景气指数中一致指数（$YZZS$）和企业家信心指数（$XXZS$）衡量企业面临的宏观经济形势对经济周期、企业创新与政府补助进行重新检验，控制变量如前文一致。需要说明的是，宏观经济景气指数具有反应宏观经济波动的能力，包括先行指数、一致指数、滞后指数和预警指数。其中，一致指数是反映当前经济的基本走势，由工业生产、就业、社会需求（投资、消费、外贸）、社会收入（国家税收、企业利润、居民收入）等4个方面构成，能够综合反映总体经济的变动情况。这些指标随时间的波动状况与总体经济波动状况基本一致，所以能综合地描述总体经济所处状态。先行指数是由一组领先于一致指数的先行指标合成，用于对经济未来的走势进行预测，该指标的波动状况往往和一致指标6~7个月以后的波动状况相同，所以利用这些指标可以事先预测总体经济运行的波动状况。滞后指数是由落后于一致指数的滞后指标合成得到，它主要用于对经济循环的峰与谷的一种确认，是对总体经济运行中已经出现的各种波动状况的一种确认，如财政支出、短期贷款、企业库存等。

预警指数是用于"直接"反应宏观经济所处的状态，它主要包含10个指标，比如工业增加值、固定资产投资、海关进出口总额、企业利润、城镇居民可支配收入；等等。鉴于内生性问题的考虑，本书采用一致指数做稳健性检验。表6-13为回归结果，$RDintTA \times YZZS$、$RDintTA \times KQZS$ 和 $RDintTA \times QYQQ$ 交互项系数估计值均不显著，说明经济增长时，研发投入强度大企业并未获得更多政府补助的支持，结果未发生改变。同时，在模型6-1的基础上，加入年度固定效应。

表6-13　稳健性检验：变换宏观经济发展变量

	(1)	(2)
	$F.\ln Sub$	$F.\ln Sub$
RDintTA	68.179***	31.636**
	(2.68)	(2.51)
RDintTA×YZZS	−0.546	
	(−1.05)	
YZZS	0.009	
	(1.31)	
RDintTA×QYQQ		−0.135
		(−1.27)
QYQQ		0.000
		(0.00)
Size	0.922***	0.918***
	(36.78)	(37.19)
Age	−0.009*	−0.009**
	(−1.95)	(−2.04)
Lev	0.247*	0.270**
	(1.89)	(2.10)
ROA	−0.188	−0.163
	(−1.17)	(−1.03)
Growth	−0.016	−0.017
	(−0.76)	(−0.84)

续表6-13

	（1）	（3）
	$F.\ln Sub$	$F.\ln Sub$
Duality	0.021	0.019
	（0.47）	（0.43）
Indpt	0.378	0.378
	（1.08）	（1.08）
Share1	−0.437***	−0.428***
	（−2.71）	（−2.65）
Inster	0.887***	0.883***
	（4.11）	（4.10）
Mngshare	−0.070	−0.084
	（−0.41）	（−0.49）
Year FE	yes	yes
Industry FE	yes	yes
Province FE	yes	yes
N	20 708	20 708
Adj. R^2	0.457	0.456

二、变换经济政策不确定性变量

经济政策不确定性指数借鉴顾夏铭等（2018）方法，采用算术平均值的方式将月份经济政策不确定性转化成年度经济政策不确定性（mEPU），表6-14 Panel A 为回归结果，结果未发生改变。本书还借鉴 Gulen & Ion （2016）方法，将 EPU 月度数据转化为季度数据，然后再由季度数据转化为年度数据（yEPU），具体方法参见第五章稳健性检验。表6-14 Panel B 为回归结果,结果未发生改变。同时,在模型 6-2 的基础上,控制年度固定效应。

表6-14　稳健性检验:变换经济政策不确定性变量

Panel A:$mEPU$			
	(1)	(2)	(3)
	$F.\,lncoverage$	$F.\,lnbroker$	$F.\,lnreport$
$RDintTA$	1.310***	0.871**	1.833***
	(3.42)	(2.47)	(4.30)
$RDintTA×mEPU$	0.481***	0.559***	0.374**
	(2.88)	(3.71)	(2.03)
$mEPU$	0.002	−0.005	−0.005
	(0.50)	(−1.29)	(−0.94)
$Size$	0.106***	0.091***	0.116***
	(24.21)	(22.81)	(24.68)
Age	−0.007***	−0.007***	−0.009***
	(−7.63)	(−8.87)	(−8.76)
Lev	−0.173***	−0.130***	−0.169***
	(−6.75)	(−5.69)	(−6.15)
ROA	0.635***	0.691***	0.753***
	(14.56)	(17.11)	(15.20)
$Growth$	0.004	−0.002	0.002
	(0.90)	(−0.50)	(0.33)
$Duality$	0.002	0.001	0.003
	(0.24)	(0.17)	(0.32)
$Indpt$	−0.048	−0.039	−0.004
	(−0.65)	(−0.58)	(−0.05)

续表 6-14

Panel A:*mEPU*	(1)	(2)	(3)
	F. lncoverage	*F*. lnbroker	*F*. lnreport
Share1	0.026	0.032	0.027
	(0.89)	(1.22)	(0.86)
Inster	1.261***	1.213***	1.414***
	(29.60)	(31.06)	(30.27)
Mngshare	0.134***	0.078**	0.136***
	(3.62)	(2.35)	(3.40)
Year FE	yes	yes	yes
Industry FE	yes	yes	yes
Province FE	yes	yes	yes
N	12 024	12 024	12 024
Adj. R^2	0.358	0.390	0.375
Panel B:*yEPU*	(1)	(2)	(3)
	F. lncoverage	*F*. lnbroker	*F*. lnreport
RDintTA	1.359***	0.975***	1.898***
	(3.81)	(2.96)	(4.76)
RDintTA×yEPU	0.260***	0.284***	0.192**
	(3.07)	(3.74)	(2.06)
yEPU	0.000	−0.003	−0.003
	(0.11)	(−1.22)	(−1.14)
Size	0.106***	0.091***	0.116***
	(24.30)	(22.82)	(24.75)

续表 6-14

Panel B: yEPU			
	(1)	(2)	(3)
	F. lncoverage	F. lnbroker	F. lnreport
Age	-0.007***	-0.007***	-0.009***
	(-7.60)	(-8.87)	(-8.74)
Lev	-0.174***	-0.130***	-0.170***
	(-6.80)	(-5.68)	(-6.18)
ROA	0.633***	0.691***	0.752***
	(14.53)	(17.12)	(15.20)
Growth	0.004	-0.002	0.002
	(0.93)	(-0.50)	(0.35)
Duality	0.002	0.001	0.003
	(0.25)	(0.16)	(0.32)
Indpt	-0.048	-0.039	-0.004
	(-0.65)	(-0.59)	(-0.05)
Share1	0.026	0.032	0.027
	(0.87)	(1.23)	(0.84)
Inster	1.260***	1.213***	1.414***
	(29.59)	(31.07)	(30.26)
Mngshare	0.134***	0.078**	0.136***
	(3.63)	(2.35)	(3.41)
Year FE	yes	yes	yes
Industry FE	yes	yes	yes
Province FE	yes	yes	yes
N	12 024	12 024	12 024
Adj. R^2	0.358	0.390	0.375

三、变换分析师跟踪变量

根据现有分析师文献,本书采用分析师的报告数($report$)表征分析师跟踪,分别与经济政策不确定性三种衡量方式回归。表6-15为回归结果,第(1)—(3)交互项 $RDintTA×EPU$、$RDintTA×mEPU$ 和 $RDintTA×yEPU$ 系数均在5%水平上显著为正,结果未发生改变。

表6-15 稳健性检验:变换分析师跟踪变量

	(1)	(2)	(3)
	$F.\ lnreport$	$F.\ lnreport$	$F.\ lnreport$
$RDintTA$	1.822***	1.784***	1.841***
	(4.30)	(4.08)	(4.49)
$RDintTA×EPU$	0.392**		
	(2.05)		
EPU	−0.005		
	(−0.86)		
$RDintTA×mEPU$		0.385**	
		(2.06)	
$mEPU$		−0.005	
		(−0.94)	
$RDintTA×yEPU$			0.201**
			(2.12)
$yEPU$			−0.003
			(−1.17)
$Size$	0.115***	0.115***	0.116***
	(24.18)	(24.18)	(24.25)

续表6-15

	(1)	(2)	(3)
	F. lnreport	*F. lnreport*	*F. lnreport*
Age	−0.009***	−0.009***	−0.009***
	(−9.00)	(−8.98)	(−8.96)
Lev	−0.165***	−0.165***	−0.166***
	(−5.97)	(−5.98)	(−6.01)
ROA	0.802***	0.802***	0.801***
	(16.06)	(16.05)	(16.05)
Growth	0.003	0.003	0.003
	(0.59)	(0.60)	(0.62)
Duality	0.003	0.003	0.004
	(0.34)	(0.35)	(0.35)
Indpt	−0.001	−0.002	−0.001
	(−0.02)	(−0.02)	(−0.02)
Share1	0.022	0.022	0.022
	(0.72)	(0.71)	(0.70)
Inster	1.392***	1.392***	1.392***
	(29.78)	(29.78)	(29.78)
Mngshare	0.131***	0.131***	0.132***
	(3.29)	(3.29)	(3.29)
Year FE	*yes*	*yes*	*yes*
Industry FE	*yes*	*yes*	*yes*
Province FE	*yes*	*yes*	*yes*
N	12 024	12 024	12 024
Adj. R^2	0.374	0.374	0.374

四、变换模型

根据既有分析师文献,因为分析师跟踪数量为非负整数,故采用适泊松回归,变换回归模型为6-3检验假设经济政策不确定性、企业创新与分析师跟踪的关系。

$$E(Coverage_{it+1}) = exp(\alpha_0 + \alpha_1 EPU_t + \alpha_2 RDint_{it} + \alpha_3 EPU_t \times RDint_{it}$$

$$+ \alpha_4 Size_{it} + \alpha_5 Age_{it} + \alpha_6 Lev_{it} + \alpha_7 ROA_{it} + \alpha_8 Growth_{it}$$

$$+ \alpha_9 Indpen_{it} + \alpha_{10} INS_{it} + \alpha_{11} Share1_{it} + \alpha_{12} Excuhldr_{it}$$

$$+ YearFE + IndustryFE + ProvineceFE + \varepsilon_{it})$$

$$(6-3)$$

其中,被解释变量分析师跟踪,采用分析师人数、券商人数和分析报告数计量。表6-16为固定效应泊松模型回归结果,可以看出第(1)—(3)列 $RDintTA \times EPU$ 系数均在1%水平上显著为正,研究结论未发生改变。

表6-16   泊松模型回归:EPU、研发投入与分析师跟踪

	(1)	(2)	(3)
	F. analyst	F. broker	F. report
RDintTA	−0.079	−0.399	0.187
	(−0.14)	(−0.69)	(0.30)
RDintTA×EPU	0.692***	0.672***	0.610***
	(3.54)	(3.47)	(2.89)
EPU	−0.012**	0.004	−0.017**
	(−1.97)	(0.70)	(−2.47)
Size	0.064***	0.085***	0.062***
	(4.27)	(5.72)	(3.95)

续表6—16

	(1)	(2)	(3)
	F. analyst	F. broker	F. report
Age	0.014***	−0.011***	0.008**
	(3.83)	(−3.00)	(2.03)
Lev	−0.008	−0.068	−0.003
	(−0.16)	(−1.31)	(−0.06)
ROA	0.744***	0.885***	0.834***
	(11.48)	(12.91)	(11.47)
Growth	0.011*	0.007	0.014**
	(1.72)	(0.96)	(1.98)
Duality	0.004	0.000	0.000
	(0.26)	(0.02)	(0.00)
Indpt	−0.042	−0.074	−0.085
	(−0.33)	(−0.56)	(−0.61)
Share1	0.254***	0.247***	0.326***
	(2.86)	(2.72)	(3.35)
Inster	1.198***	1.221***	1.317***
	(20.36)	(20.15)	(20.40)
Mngshare	0.209**	0.184**	0.204**
	(2.26)	(2.02)	(2.02)
Year FE	yes	yes	yes
Industry FE	yes	yes	yes
Province FE	yes	yes	yes
N	12 024	12 024	12 024
ll	−6 933.993	−6 249.839	−7 147.444
P 值	0.000	0.000	0.000

小　结

本章遵循前文第四章和第五章的基本理论逻辑,试图发现在宏观经济变化下企业创新的经济后果,并通过该后果进一步证实前文的理论分析机制。具体来说,从政府补贴角度检验了政府在经济发展繁荣期是否对企业创新起到积极的引导作用,从分析师角度检验了经济政策不确定性是否提升了企业创新信息不对称程度,主要研究结论如下:

第一,经济发展形势越好,创新性强的企业并未获得更多的政府补助。该结论并未支持本书的假设。理论上分析,经济发展越快,企业经营风险越低,现金流充裕,企业创新动力较强;同时,政府财政资金充沛和政府补助职能所向,均会将更多资本配置到创新动力强的企业中,以激励企业创新。可是本书并未支持该结论,即在经济形势好的时候,创新强的企业并未得到政府更多的支持,这意味着政府补贴的导向在某种程度上抑制了企业的创新积极性,促进了企业的短视行为,也印证了第四章的机制分析,即创新的逆周期性,主要原因是在经济发展形势好的时候,企业更加注重短期利益的获取,将更多资本配置到收益快、风险小的非创新领域,进而对创新产生了挤出效应。在进一步检验中发现,这种抑制作用在非国企和非高新技术企业中更加显著,但是,也发现在代表企业创新质量的发明专利越多,获得的政府补助越多,不过这种情况仅出现在国有企业中。

第二,经济政策不确定性促使更多分析师关注企业创新。创新活动的高不确定性和信息不对称性,能够引起更多分析师的关注(徐欣和唐清泉,2010),而经济政策不确定性提升了创新信息的不对称程度,尤其在分析师市场竞争日趋激烈的情况下,分析师也期望通过跟踪信息不对称程度高的创新活动,即通过承担风险来建立自身的市场声誉(Barth et al.,2001)。因此,经济政策不确定性促使分析师更加关注企业创新。这一结果说明,经济政策不确定性确实提升了创新信息不对称程度,也印证了第五章的机制分析。在进一步分析中,本书发现创新强度大和创新持续时间长的企业,在经济政策不确定增大时,无论是创新投入还是创新产出,均引起了更多分析师的关注。

党的十八明确提出"科技创新是提高社会生产力和综合国力的战略支撑""坚持实施创新驱动发展战略",党的二十大报告再次指出"加快实施创新驱动发展战略,加快实现高水平科技自立自强"。由此可见,创新对推动中国经济发展的战略性地位。但是,从政府对创新的引导上来看,在经济发展形势好的时候,创新性强的企业未得到政府的积极鼓励,导致其创新动力不足,强化了企业短视行为,与此同时,经济政策的频繁变更,增大了创新活动的信息不对称性,因而引发更多分析师的关注。

第七章

宏观经济变动下提升企业技术创新的政策建议

本书从宏观经济理论、创新理论、资源配置理论和信息不对称理论分析了经济发展和经济政策不确定性对创新的影响及作用机制,并得出创新逆周期和管理层基于代理动机在经济政策不确定增大时增大技术创新投入的核心结论。那么如何在经济发展向好时约束企业短视行为,如何避免管理层代理动机下的策略性创新? 相关政府和政策制定机构如何调整宏观策略,真正推动"创新发展战略"的有效实施和战略落地? 这些问题都是值得宏观调控部门和企业微观主体考虑的问题。

第一节 宏观层面建议

本书发现经济发展形势越好,相对于周期长、投资大和收益不确定性高的创新活动而言,企业更愿意将资本配置到获利大、风险小、收益快的非创新领域,进而对创新活动产生了挤出效应。但是,这种短视行为不利于企业未来竞争力的提升和经济的长期发展。因此,为了有效激发企业创新积极性,政府部门应该大力营造对创新失败高容忍度的创新氛围,使企业注重长期利益。具体建议如下:

一、进一步完善知识产权保护制度

我国经济已经由高速发展向高质量发展转变,党的二十大报告再次指出:"加快实施创新驱动发展战略,加快实现高水平科技自立自强""完善科技创新体系""形成具有全球竞争力的开放创新生态",而完善的科技创新体系以及具有全球竞争力的开放创新生态,必然需要构建有效的知识产权保护制度,有效的知识产权保护制度可以维护创新企业的利益,对提升创新动力具有重要作用(Katz 和 Shapiro,1987;Anton et al. ,2006;史宇鹏和顾全林,2013)。2019 年我国印发了《关于强化知识产权保护的意见》(以下简称《意见》),该《意见》的出台对完善我国知识产权保护体系,优化尊重知识价值的营商环境,激励企业创新具有重要作用。

(一)强化知识产权制度的硬约束

对制度的有效执行才能实现制度制定的目的。我国应进一步加快修订和完善《专利法》《商标法》《著作权法》等知识产权法规,并加大对相关法律发挥的执行力度,尤其是对侵权惩罚性赔偿制度方面,要加大惩戒力度,有效执行惩罚性赔偿制度。不断提升对知识产权的保护,营造良好的市场创新氛围,对提升企业家信息,激发企业家创新动力具有重要作用。

(二)发挥市场监督机制

本书发现,经济政策不确定性促进了分析师对创新的关注。因此,充分发挥分析师这一信息中介的作用,降低创新信息不对称程度,即对降低创新活动中的代理成本,提升创新绩效具有重要的作用。同时,大力提升市场在资源配置中的作用,提升市场竞争力,减少政府直接干预行为,有助于促进企业创新成长。改革开放 40 多年来,我国从高度集中的计划经济到现在的社会主义市场经济,政府在资源配置和经济运营中发挥了关键的作用。由于政府掌握了大量资源配置、行业进入的权力,企业当获取政治关联的收益较高或成本较低时,企业就会主动谋求政治关联而减少创新投入(党力,等,2015)。另外,地方政府对要素市场的管制或控制,虽然短期内可能有助于地方政府调动资源促进经济增长,但这会显著抑制企业 R&D 投入(张杰,等,2011)。因此,降低政府干预,发挥市场作用机制,有助于企业创新。2013 年,习近平总书记在向十八届三中全会做《中共中央关于全面深化改革若干重大问题的决定》说明时,指出要使市场在资源配置中起决定性作用。2014 年 5 月习近平总书记在十八届中央政治局第十五次集体学习时,再次指出,"看不见的手"和"看得见的手"都要用好,努力形成市场作用和政府作用有机统一、相互补充、相互协调、相互促进的格局,推动经济社会持续健康发展,辩证地分析了市场和政府的关系。因此,一方面,利用市场竞争的"优胜劣汰"筛选出有能力的企业,政府再对其辅以相关措施,如给予创新补助;同时,对处于劣势的企业,激发其创新潜能,提高其创新能力,引导其在市场竞争压力中通过创新实现技术进步,改进生产方式,实现产业转型升级。另一方面,利用市场机制还有助于引导企业投资有价值的创新项目,筛选出优质创新项目,提升创新质量。

(三)进一步发挥技术支撑作用

随着信息技术的发展,充分将信息技术应用在知识产权保护领域,通过实时监测、在线识别等技术手段强化知识产权保护,尤其是在经济不确定日益增大的环境下,通过智能手段可以有效对冲不确定下的侵权事宜,有效保护知识产权,提升企业创新积极性。

二、进一步缓解融资约束程度

面对世界百年之大变局,党的二十大报告提出"坚持把发展经济的着力点放在实体经济上",坚持"两个务必""金融业服务实体经济",而制约实体经济发展的主要因素之一是融资成本,尤其对于创新企业而言,由于创新的高不确定性和高风险性,金融机构具有更高的风险溢价,这在一定程度上束缚了企业的长期创新动力,也更容易激化其短视行为,融资约束成为制约其创新发展的重要因素。因此,在经济环境不确定增大时有效缓解企业融资约束程度对企业创新具有重要作用,缓解企业创新所需资金的融资约束问题,具体可以从以下几方面进行。

(一)积极发挥政府补贴政策的作用

本书认为在经济发展形势好的时候,创新性强的企业并未得到政府更多的支持,政府的"救火"式补贴导向不利于企业进行长期创新,反而强化企业短视行为,更加注重短期利益。但同时,政府部门也应该区别对待创新支持,对于初创期的企业创新要积极给予支持,以缓解其初创期创新资金短缺的困难;对于成熟期的创新企业也要积极给予鼓励,以激励其持续创新的动力;对于衰退期的企业要转变直接给予政府补贴的支持方式,或者不再给予政府补贴,而是给予更多其他战略转型或产业转型的管理策略方面的支持,避免出现僵尸企业僵而不死的现象,以积极推动企业创新能力的提升。

(二)积极发挥税收优惠政策的作用

税收优惠作为财政政策手段之一,是激励企业创新的重要手段。面对外部经济环境不确定,我国先后出台了一些激励企业创新的税收优惠政策,如2022年先后发布的《关于企业投入基础研究税收优惠政策的公告》《关于加大支持科技创新税前扣除力度的公告》,后者明确现行适用研发费用税前加计扣除比例75%的企业,在2022年10月1日至2022年12月31日期间,税前加计扣除比例提高至100%。加大研发费用加计扣除力度进一步增大,促进企业增强研发活动。需要注意的是,研发费用加计扣除政策属于"事后"激励措施,为了增强政策的有效性与公平性,也应适当在"事前"帮助企业提高技术研发能力。同时,政府在制定税收优惠政策时,注重区别对待,综合考虑产权性质、企业规模、行业特征、市场化程度等特点,实行有差别的税收优惠政策。尤其对于中小企业、高新技术企业可以给予更大的政策扶持,以更好地发挥税收优惠政策的激励效果。

三、进一步完善金融市场

2018 年召开的金融行业供给侧改革会议,就明确指出了金融的服务属性,金融机构要服务于实体经济,企业能够从实体经济中获得较高的收益,这样也可以避免企业的短视行为,有助于企业创新和推动经济长期可持续发展。

(一)积极发挥多层次资本市场的协同作用

2013 年 11 月召开的中共十八届三中全会指出,构建和完善我国资本市场体系,使其更好地服务于实体经济。目前我国已经构建了主板、中小板和创业板等多层次的资本市场体系,这对优化实体经济融资结构,尤其是缓解创新企业以及专精特新企业融资难、融资贵的问题,对提高资本市场服务实体经济效率发挥了重要作用。与此同时,还要注意资本市场法治化建设、完善退出机制、惩戒机制、创新信息披露等制度,通过资本市场筛选出真正想创新、能创新的企业,并给予支持,对于"假"创新企业给予严惩。

(二)加强金融监管

政府还应加强金融监管力度,对违规套利和乱加杠杆的行为进行严厉打击,抑制打着创新的幌子进行套利行为,优化资本市场诚信环境。还要针对不同层次市场的风险特点,监管部门逐渐从"重审批、轻监管"向"轻审批、重监管"转变,从实质性审批式监管向以强制性信息披露为核心的监管转变(辜胜阻,等,2016)。同时,要充分利用法治市场对监管者进行监管,厘清市场与政府的关系,使政府成为真正的法治政府,为企业提供公平、公正的创新环境。

四、保持经济政策制定的长效性

本书认为经济政策不确定性对创新的促进作用是基于代理动机,并未提升企业创新效率和企业价值,且从长期发展来看,反而抑制了创新的可持续性发展,证实了经济政策不确定性不利于企业创新。针对该问题,本书认为虽然经济政策的制定是为了维护经济平稳快速发展,但是,经济政策在解决一些经济问题的同时,频繁的变动也会带来更大不确定性,而这不确定性对经济增长、企业投资等方面都产生了抑制作用(饶品贵,等,2017)。因此,宏观经济调控部门在制定经济政策时既要考虑其短期效应,也应加强政策的前瞻性,提高政府行为的稳定性,尽可能保持政策的长期一致性;宏观经济政策应以科学性、可信性、稳定性为基本特征,做好顶层设计和统筹规划。另外,还要综合考虑宏观经济政策对微观个体行为的多重影响或不同经济活动的影响,增强对不同行业、不同特征的微观主体的政策影响性,促进各种经济政策工具的协调配合,确保经济政策目标与实施效果的契合性。

第二节　微观层面的建议

本书发现管理层出于代理动机,在经济政策不确定性高时虽然会加大研发投入,但是投入产出率较低。这说明,由于创新具有周期长、风险大,收益不确定性高的特点,而出于风险回避的管理层自然更加关注其短期利益,不注重企业长期发展能力的提升,故其创新动力不足。而创新不足的背后可能隐藏着管理层代理问题,因此,完善现代公司治理机制,减轻代理冲突,有助于提升企业创新。

一、进一步完善薪酬契约

薪酬契约是缓解所有权与经营权分离所导致的代理问题的重要治理机制之一。由于创新的不确定性和高风险性,高管往往出于风险规避的动机而减少公司创新投资,损害公司长远利益(卢锐,2014),有效的薪酬契约可以使管理层更加关注增加企业长期发展价值。因此,通过货币薪酬与非货币薪酬的有效薪酬契约设计,能够增加管理层的长期行为,而非短期利益,尤其是面对经济环境不确定下的企业创新。

二、培养创新精神的企业文化

日本管理学大师野中郁次郎在《创新的本质》一书中指出,知识性组织更具更强的创新性。因此,为企业营造积极的创新氛围,激发组织中每个员工的创新积极性,营造创新的企业文化氛围,对应对外部不确定性具有重要的作用。同时,在企业文化建设中,要创建对创新失败的高容忍度的文化氛围,创新活动的特性,只有具有高度的容忍度,才能够避免管理层的短视行为,使其更加关注企业长期发展。

三、加强内部控制体系建设

有效的内部控制制度可以有效地识别、应对风险,面对外部经济环境的不确定性,有效的内部控制对创新项目的选择、生产和产出等全创新过程中,面临的风险和应对能够及时有效提升创新项目的风险评估和信息沟通,有助于约束管理层代理行为,降低代理成本,提升创新绩效。

结束语

世界经济发展经历了农业经济、工业经济、信息经济三个阶段后,现在已经步入了数字经济时代。世界经济发展的格局也在悄然发生着变化,尤其是近年来受新冠肺炎疫情、地缘政治等因素的影响,世界经济的不确定性进一步加大,创新驱动发展战略是新时期实现我国经济高质量发展和第二个百年奋斗目标的重要战略部署。面对外部宏观环境的变化,如何提升企业创新力是新时代下实现中国式现代化发展的重要课题之一。本书从整体经济变化的两个维度分析了其对创新的影响、作用机制及其经济后果,得出了一些研究结论。研究发现,面对宏观经济发展形势的变化与经济政策不确定性的增大,企业创新表现不同,具体研究结果如下:

第一,创新表现为逆周期性,即经济增长越快,企业创新性越低,表现为更少的创新投入和创新产出。本书还发现创新逆周期性存在选择效应,即在国有企业和较低公司治理水平企业中,逆周期性更强。在创新逆周期性内在机制的检验中,发现创新逆周期性是通过"金融化挤出效应"和"规模扩张挤出效应"所导致,主要是因为经济增长助推了企业短视行为,即将更多资本配置在非创新领域,对创新产生挤出效应。证实了经济增长通过影响企业内部资源配置进而影响企业创新的内在机制。本书还进一步分析了经济增长对创新可持续性发展的影响,发现经济增长推动了创新投入和产出的增长,即表现为良好的创新可持续,这说明长期来看,经济发展有助于推动企业创新。另外,采用分位数回归方法考察了不同分位点上的创新投入和产出对经济增长的反应,结果表明,创新投入和非发明专利的逆周期性呈现出随分位点的增大而增大的趋势,创新产出中发明专利在高分位数点(0.9分位点)处逆周期性最弱,并呈现出倒"U"形趋势。

第二,经济政策不确定性对企业创新起到了"促进"作用,但是该"促进"作用是基于管理层的代理动机,并未真正提升企业创新绩效和企业价值。具体来说,本书发现经济政策不确定性短期来看提升了创新投入和产出,但是创新产出更多是反映策略性创新的非发明专利的增加,而对代表实质性创新的发明专利并无显著影响,并且该"促进"作用在国有企业中更加显著,说明了国有企业在创新中的策略性创新动机更强。

本书通过创新投入产出率以具体检验其影响机制,结果发现经济政策不确定性越大,创新投入产出率越低,证实了在经济政策不确定性增大时,管理层存在策略性创新的动机,即表面上经济政策不确定性促进了创新,但实际上并未提高创新效率,表现为代理动机。在对不同代理程度的分组检验中,发现在高代理成本企业和低内控企业中,经济政策不确定性越高其创新投入产出率越低。进一步检验了经济政策不确定性对创新可持续性发展的影响,研究发现长期来看,经济政策不确定性抑制了创新可持续发展。综合该研究结论,无论从长期还是短期来看,较高的经济政策不确定性不利于企业创新。

第三,经济增长越快时,创新性强的企业并未获得更多的政府补助;经济政策不确定性提升了分析师对企业创新的关注度。具体来说,通过经济增长与创新对政府补助经济后果的检验,发现在经济发展形势好的时候,创新投入和创新产出多的企业并没有获得更多的政府补助,且该现象在非国企和非高新技术企业中更加显著。该结论说明了政府在经济繁荣期并未对企业创新起到积极的引导作用,反而强化了企业短视行为,导致创新逆周期现象的出现。通过经济政策不确定性和创新对分析师跟踪经济后果的检验,发现经济政策不确定性提升了分析师对企业创新的关注程度,并且该现象在创新强度大和创新持续时间长的企业中更显著。该结论说明了经济政策不确定性提升了创新的信息不对称程度,进而为管理层策略性创新提供了更为隐蔽的条件。

但是碍于笔者对相关研究领域知识把握的准确性、理解的深入性、研究方法掌握的局限性以及个人研究精力的有限性等问题,本书还存在着诸多需要完善和改进的地方。

第一,在研究内容方面。本书仅从宏观经济整体变化的两个维度入手,即可预测性的经济发展形势和不可预测性的经济政策不确定性对创新的影响进行了研究。但是,宏观经济变动不仅体现在这两个方面,还涉及经济整体的不确定性、通货膨胀情况等因素。这可能对本书的研究结论产生一定的影响。我们未来也会对宏观经济变动的相关范畴展开进一步的研究,以便完善本书的研究结论。在对企业创新进行研究时,也仅仅是对创新投入和创新产出进行研究,并未进一步区分创新在费用化和资本化方面的影响,主要是基于数据的可获取性。因此,笔者在进行数据收集时,遇到了较大的困难,因此未对其进行有效的区分,进而在一定程度上影响了本书分析的深度和广度。

第二,在宏观经济变量的计量方面。宏观经济对微观企业行为研究的难点之一就是宏观经济变量的计量。本书对经济周期形势采用了 GDP 增长率来计量,但是该指标也受到了部分学者的质疑。笔者通过浏览大量宏观经济对微观企业行为领域的文献,发现 GDP 增长率也被多数学者所采用(靳庆鲁,等,2008;侯青川,等,2015),为了弥补该指标的不足,本书在稳健性检验中,采用了反映宏观经济形势的经济景气指数、企业家信心指数、克强指数等变量。在宏观经济政策不确定性的计量方面,本书采用了 Baker(2016)的不确定性指数。因为该指标只是基于香港英文报纸《南华早报》的文章索引,与内地报刊所反映的情况可能存在不一致。同时,不确定性一词很容易和风险一词混淆,一些报道使用不确定性一词时,可能指的是风险,从而带来衡量偏差。寻找与中国经济政策不确定性更为契合的计量指标是学术界共同面对的任务与挑战。

参考文献

[1]巴曙松,李妮娜,张兢.数字金融与企业绿色创新:排斥还是融合?[J].财经问题研究,2022(12):57-68.

[2]才国伟,吴华强,徐信忠.政策不确定性对公司投融资行为的影响研究[J].金融研究,2018(3):89-104.

[3]曾蔚,沈亚宁,唐雨,等.CVC投资模式对大公司技术创新绩效影响的实证研究[J].科技进步与对策,2020,37(7):9-15.

[4]陈德球,金雅玲,董志勇.政策不确定性、政治关联与企业创新效率[J].南开管理评论,2016(8):27-35.

[5]陈红,张玉,刘东霞.政府补助、税收优惠与企业创新绩效:不同生命周期阶段的实证研究[J].南开管理评论,2019,22(3):187-200.

[6]陈克兢,康艳玲,万清清,等.外部大股东能促进企业创新吗:基于退出威胁视角的实证分析[J].南开管理评论,2021,24(3):202-214.

[7]冯根福,温军.中国上市公司治理与企业技术创新关系的实证分析[J].中国工业经济,2008(7):91-101.

[8]顾夏铭,陈勇民,潘士远.经济政策不确定性与创新:基于我国上市公司的实证分析[J].经济研究,2018,53(2):109-123.

[9]顾研,周强龙.政策不确定性、财务柔性价值与资本结构动态调整[J].世界经济,2018(6):104-128.

[10]郭玥.政府创新补助的信号传递机制与企业创新[J].中国工业经济,2018(9):98-116.

[11]侯青川,靳庆鲁,陈明端.经济发展、政府偏袒与公司发展:基于政府代理问题与公司代理问题的分析[J].经济研究,2015,50(1):140-152.

[12]黄宏斌,于博,丛大山.经济政策不确定性与企业自愿性信息披露:来自
上市公司微博自媒体的证据[J].管理学刊,2021,34(6):63-87

[13]姜国华,饶品贵.宏观经济政策与微观企业行为:拓展会计与财务研究
新领域[J].会计研究,2011(3):9-18,94.

[14]蒋伏心,王竹君,白俊红.环境规制对技术创新影响的双重效应:基于江
苏制造业动态面板数据的实证研究[J].中国工业经济,2013(7):
44-55.

[15]解维敏,方红星.金融发展、融资约束与企业研发投入[J].金融研究,
2011(5):171-183.

[16]靳庆鲁,李荣林,万华林.经济增长、经济政策与公司业绩关系的实证研
究[J].经济研究,2008(8):90-101.

[17]黎文靖,郑曼妮.实质性创新还是策略性创新:宏观产业政策对微观企
业创新的影响[J].经济研究,2016,51(4):60-73.

[18]李常青,李宇坤,李茂良.控股股东股权质押与企业创新投入[J].金融
研究,2018(7):143-157.

[19]李凤羽,杨墨竹.经济政策不确定性会抑制企业投资吗?:基于中国经济
政策不确定指数的实证研究[J].金融研究,2015(4):115-129.

[20]李万福,杜静.税收优惠、调整成本与 R&D 投资[J].会计研究,2016
(12):58-63.

[21]李文贵,余明桂.民营化企业的股权结构与企业创新[J].管理世界,
2015(4):112-125.

[22]李增福,陈俊杰,连玉君,等.经济政策不确定性与企业短债长用[J].管
理世界,2022,38(1):77-89

[23]林毅夫,李志赟.政策性负担、道德风险与预算软约束[J].经济研究,
2004(2):17-27.

[24]刘胜强,林志军,孙芳城,等.融资约束、代理成本对企业R&D投资的影

响:基于我国上市公司的经验证据[J].会计研究,2015(11):62-68.

[25]刘哲希,郭俊杰,谭涵予,等.货币政策能够兼顾"稳增长"与"稳杠杆"双重目标吗:基于不同杠杆环境的比较[J].金融研究,2022(7):20-37.

[26]鲁桐,党印.公司治理与技术创新:分行业比较[J].经济研究,2014,49(6):115-128.

[27]罗时空,龚六堂.企业融资行为具有经济周期性吗:来自中国上市公司的经验证据[J].南开管理评论,2014,17(2):74-83.

[28]马永强,阳丹,巩亚林.经济周期,政府扶持与企业创新[J].会计研究,2022(5):49-64

[29]马永强,路媛媛.企业异质性、内部控制与技术创新绩效[J].科研管理,2019,40(5):134-144.

[30]孟庆斌,师倩.宏观经济政策不确定性对企业研发的影响:理论与经验研究[J].世界经济,2017,40(9):75-98.

[31]潘越,潘健平,戴亦一.公司诉讼风险、司法地方保护主义与企业创新[J].经济研究,2015,50(3):131-145.

[32]彭俞超,韩珣,李建军.经济政策不确定性与企业金融化[J].中国工业经济,2018(1):137-155.

[33]齐丽云,王佳威,刘旸,等.高管团队异质性对企业绿色创新绩效影响研究[J].科研管理,2023,44(4):175-184

[34]钱爱民,张晨宇,步丹璐.宏观经济冲击、产业政策与地方政府补助[J].产业经济研究,2015(5):73-82.

[35]饶品贵,岳衡,姜国华.经济政策不确定性与企业投资行为研究[J].世界经济,2017,40(2):27-51.

[36]谭劲松,冯飞鹏,徐伟航.产业政策与企业研发投资[J].会计研究,2017(10):58-64,97.

[37]谭小芬,张文婧.经济政策不确定性影响企业投资的渠道分析[J].世界经济,2017(12):5-28.

[38]谭小芬,王雅琦,李松楠.企业杠杆率分化、资源错配与高质量发展:经济政策不确定性视角的分析[J].经济科学,2022(1):66-80.

[39]唐雪松,周晓苏,马如静.政府干预、GDP增长与地方国企过度投资[J].金融研究,2010(8):33-48.

[40]王红建,曹瑜强,杨庆.实体企业金融化促进还是抑制了企业创新:基于中国制造业上市公司的经验研究[J].南开管理评论,2017,20(1):155-166.

[41]王红建,李青原,陈雅娜.盈余管理、经济周期与产品市场竞争[J].会计研究,2015(9):44-51.

[42]王雷,崔微萍.关系专用资产与CVC企业创新绩效:基于CVC竞争强度的调节作用[J].经营与管理,2021(6):24-28

[43]王义中,宋敏.宏观经济不确定性、资金需求与公司投资[J].经济研究,2014,49(2):4-17.

[44]温军,冯根福.风险投资与企业创新:"增值"与"攫取"的权衡视角[J].经济研究,2018,53(2):185-199.

[45]温忠麟,叶宝娟.中介效应分析:方法和模型发展[J].心理科学进展,2014,22(5):731-745.

[46]吴世农,尤博,王建勇,陈韫妍.产业政策工具、企业投资效率与股价崩盘风险[J].管理评论,2023,35(1):272-282

[47]肖虹,曲晓辉.R&D投资迎合行为:理性迎合渠道与股权融资渠道:基于中国上市公司的经验证据[J].会计研究,2012(2):42-49,96.

[48]肖文,林高榜.政府支持、研发管理与技术创新效率:基于中国工业行业的实证分析[J].管理世界,2014(4):71-80.

[49]熊彼特.经济发展理论[M].叶华,译.南昌:江西教育出版社,2014.

[50]熊勇清,秦书锋.新能源汽车产业政策促进了何种创新?[J].科研管理,2023,44(3):102-111.

[51]杨国超,刘静,廉鹏,等.减税激励、研发操纵与研发绩效[J].经济研究,2017,52(8):110-124.

[52]余明桂,范蕊,钟慧洁.中国产业政策与企业技术创新[J].中国工业经济,2016(12):7-24.

[53]袁建国,后青松,程晨.企业政治资源的诅咒效应:基于政治关联与企业技术创新的考察[J].管理世界,2015(1):139-155.

[54]张成思,刘贯春.中国实业部门投融资决策机制研究:基于经济政策不确定性和融资约束异质性视角[J].经济研究,2018,53(12):51-67.

[55]张峰,刘曦苑,武立东,等.产品创新还是服务转型:经济政策不确定性与制造业创新选择[J].中国工业经济,2019(7):101-118.

[56]钟廷勇,黄亦博,孙芳城.数字普惠金融与绿色技术创新:红利还是鸿沟[J].金融经济学研究,2022,37(3):131-145.

[57]周黎安.中国地方官员的晋升锦标赛模式研究[J].经济研究,2007(7):36-50.

[58]周铭山,张倩倩."面子工程"还是"真才实干":基于政治晋升激励下的国有企业创新研究[J].管理世界,2016(12):116-132.

[59]朱冰,张晓亮,郑晓佳.多个大股东与企业创新[J].管理世界,2018,34(7):151-165.

[60] AGHION P, CAI J, DEWATRIPONT M, et al. Industrial Policy and Competition [J]. American Economic Journal: Macroeconomics, 2015, 7(4):1-32.

[61]BAKER S R,BLOOM N,DAVIS S J. Measuring Economic Policy Uncertainty [J]. Quarterly Journal of Economics,2016,131(4):1593-1636.

[62]BALSMEIER B., FLEMING L, MANSO G. Independent Boards and

Innovation[J]. Journal of Financial Economics,2017,123(3):536-557.

[63]BARANCHUK N,KIESCHNICK R,MOUSSAWI R. Motivating Innovation in newly Public Firms[J]. Journal of Financial Economics, 2014, 111(3): 578-588.

[64]BELLOC F. Corporate Governance and Innovation:A survey[J]. Journal of Economic Surveys,2012,26(5):835-864.

[65] BERNANKE B S, KUTTNER K N. What Explains the Stock Market's Reaction to Federal Reserve Policy? [J]. Journal of Finance. 2005,60(3): 1221-1257.

[66]BERNANKE B S,BLINDER A S. The Federal Funds Rate and the Channels of Monetary Transmission[J]. American Economic Review,1992,82(4): 901-921.

[67]BHATTACHARYA U, HSU P H, TIAN X, et al. What Affects Innovation More:Policy or Policy Uncertainty? [J]. Journal of Financial and Quantitative Analysis,2017,52(5):1869-1901.

[68]BIDDLE G C,CHEN P,ZHANG G. When Capital Follows Profitability:non-linear Residual Income Dynamics[J]. Review of Accounting Studies,2001, 6(2-3):229-265.

[69]BLOOM. Uncertainty and the Dynamics of R&D[J]. American Economic Review,2007,97(2):250-255.

[70]BOUTCHKOVA M,HITESH D,DURNEV A,et al. Precarious Politics and Return Volatility[J]. Review of Financial Studies. 2012, 25(4):1111 -1154.

[71]CHANG X,FU K,LOW A,et al. non-executive Employee Stock Options and Corporate Innovation[J]. Journal of Financial Economics, 2015, 115 (1):168-188.

［72］CHEMMANUR T J, LOUTSKINA E, TIAN X. Corporate Venture Capital, Value Creation, and Innovation［J］. Review of Financial Studies. 2014, 27 (8):2434-2473.

［73］COHEN W M, KLEPPER S. Firm size and the nature of Innovation within Industries:The Case of Process and Product R&D［J］. Review of Economics and Statistics, 1996, 78(2):232-243.

［74］CORNAGGIA J, MAO Y, TIAN X, et al. Does Banking Competition Affect Innovation? ［J］. Journal of Financial Economics, 2015, 115(1):189-209.

［75］DYCK A, ZINGALES L. Private Benefits of Control: An International Comparison ［J］. Journal of Finance, 2004, 59(2):537-600.

［76］FANG V W, TIAN X, TICE S. Does Stock Liquidity Enhance or Impede Firm Innovation? ［J］. The Journal of Finance, 2014, 69(5):2085-2125.

［77］FRANCIS J, SMITH A. Agency Costs and Innovation Some Empirical Evidence［J］. Journal of Accounting and Economics, 1995, 19(2):383-409.

［78］GABRIEL C N, FABIANA S L. Effects of economic policy uncertainty and political uncertainty on business confidence and investment［J］. Journal of Economic Studies. 2022, 49(4):577-602.

［79］GRANDA C, D GARCÍA. Informality, tax policy and the business cycle: Exploring the links［J］. International Tax and Public Finance. 2023, (30)1: 114-166.

［80］GUEDHAMI O, PITTMAN J. The Importance of IRS Monitoring to Debt Pricing in Private Firms［J］. Journal of Financial Economics, 2008, 90(1): 38-58.

［81］GULEN H, ION M. Policy Uncertainty and Corporate Investment［J］. Review of Financial Studies, 2016, 29(3):523-564.

［82］HACKBARTH D, MIAO J, MORELLEC E. Capital Structure, Credit Risk, and Macroeconomic Conditions[J]. Journal of Financial Economics,2006, 82(3),519-550.

[83]HE J J,TIAN X. The Dark side of Analyst *coverage*:The Case of Innovation [J]. Journal of Financial Economics,2013,109(3):856-878.

[84]HIRSHLEIFER D,HSU P H,LI D. Innovative Efficiency and Stock Returns [J]. Journal of Financial Economics,2013,107(3):632-654.

[85]HOLMSTROM B. Agency Costs and Innovation[J]. Journal of Economic Behavior & Organization,1989,12(3):305-327.

[86]HSU P H,TIAN X,XU Y. Financial Development and Innovation:Cross-country Evidence[J].Journal of Financial Economics,2014,112(1):116-135.

[87]JAIN A,JACKSON D,SAKAKI H. Political,economic,financial uncertainty, and real earnings management [J]. Journal of Corporate Accounting & Finance,2021,32(2).52-66.

[88]JENSEN M C,MECKLING W. Theory of the Firm:Managerial Behavior, Agency Cost and Ownership Structure[J]. Journal of Financial Economics, 1976,3(4):305-360.

[89]JULIO B,YOOK Y. Political Uncertainty and Corporate Investment Cycles [J]. The Journal of Finance,2012,67(1):45-84.

[90]JULIO B,YOOK Y. Political Uncertainty and Corporate Investment Cycles [J]. The Journal of Finance,2012,67(1):45-84.

[91]KASHYAP A K,STEIN J C,WILCOX D W. Monetary Policy and Credit Conditions:Evidence from the Composition of External Finance[J]. The American Economic Review,1993,83(1):78-98.

[92]MANSO G. Motivating Innovation[J]. The Journal of Finance,2011,66 (5):1823-1860.

[93]QUANG N,HUONG T K. An exploration on policy uncertainty as a driver of

R&D activity[J]. Research in International Business and Finance. 2023 (64):101-123.

[94] ROYCHOWDHURY S. Earnings Management through Real Activities Manipulation[J]. Journal of Accounting and Economics, 2006, 42 (3): 335-370.

[95] SOLOW R M. Technical Change and the Aggregate Production Function [J]. Review of Economics and Statistics, 1957, 39(3):312-320.

[96] TIAN X, WANG T Y. Tolerance for Failure and Corporate Innovation[J]. Review of Financial Studies, 2014, 27(1):211-255.

[97] ZHANG A, ZHANG Y, ZHAO R, A Study of the R&D Efficiency and Productivity of Chinese Firms[J]. Journal of Comparative Economics, 2003, 31(3):444-464.

后 记

本书在撰写过程中，伴随着新冠肺炎疫情突发、地缘政治抬头、国内经济体制改革深化等诸多事件的叠加，加剧了宏观经济的变动和不确定性，这为本书的研究提供了更为丰富的现实基础。尤其是党的二十大以及2022年中央经济工作会议的相继召开，为中国经济未来发展指明了方向，更为本书的研究奠定了政策指引。

习近平总书记指出，"全面建设社会主义现代化强国，实现第二个百年奋斗目标，必须走自主创新之路。"当前，我国经济发展面临着复杂的内外部环境，在加快构建新发展格局、推动高质量发展的进程中，离不开企业创新。因此，对于企业而言，面对不确定性，唯有创新才能生存，唯有创新才能获得竞争优势，也唯有创新才能让企业行稳致远。

完稿之时，我国正在经历新冠肺炎疫情防控政策的重大调整，也进入了2023年倒计时。2023年是全面贯彻落实党的二十大精神的开局之年，诸多不确定性依然存在，我国经济发展仍然面临较多困难和挑战，提升市场信心，尤其是企业家信心，激发企业家创新精神在尤为重要。"守得云开见月明，静待花开终有时"，愿我们的国家在新的一年中繁荣昌盛，国泰民安！

作者于新郑龙湖

2022 年 12 月 25 日